Boekje waar je BLIJ van wordt

(NIET VOOR AZIJNZEIKERS)

Boekje waar je BLIJ van wordt

(NIET VOOR AZIJNZEIKERS)

GUIDO WEIJERS

BESTE BOEKJE VAN 2017! (MET WAT GELUK)

AnderZ

i.s.m. Loens Media BV

ISBN: 9789462960565
NUR: 370
Trefw.: geluk

Omslagontwerp: Roquefort, Utrecht
Illustraties: Evert Kwok
Vormgeving binnenwerk: Arjen Snijder, Het Noorden Communiceert, Loon
Projectbegeleiding: Eefje Gerits, 's-Hertogenbosch
Redactie: Josien Moerman, Vertaal- en redactiebureau Am Rhein, Zwolle
Drukwerk: Balmedia, Schiedam

1e druk, januari 2017 3e druk, februari 2017
2e druk, januari 2017 4e druk, februari 2017

PROFITEER VAN EXTRA VOORDELEN ...

AnderZ biedt zijn lezers een unieke service. Op de website www.anderzdenken.nl kun je dit boek kosteloos registreren.

Na registratie:

- ontvang je regelmatig onze nieuwsbrief/nieuwsflits met relevante downloads, kortingsacties, (auteurs)presentaties, nieuwe uitgaven en meer;
- krijg je een maand lang gratis toegang tot de elektronische versie van dit boek op Yindo;
- maak je vier keer per jaar kans op een gratis boekenpakket.

Om te registreren:

1. Ga naar www.anderzdenken.nl.
2. Klik op Registreer!

Registratiecode van deze titel: **ANZ-0001-3**

Sociale media

AnderZ biedt zijn lezers aanvullende service via verschillende socialemediakanalen. Je vindt ons op Twitter, Facebook en LinkedIn:

Op Twitter:
volg ons via @AnderZdenken

Op Facebook:
www.facebook.com/anderzdenken

Op LinkedIn:
www.linkedin.com/company/anderz-denken

INHOUD

DEEL 3: JE LEVEN OP EEN RIJTJE 57

DEEL 4: VAN MAKKELIJK PRATEN NAAR MAKKELIJK DOEN 105

VOORWOORD

Zestien jaar geleden verplichtte mijn toenmalige vriendin mij om mee te gaan naar een voorronde van het cabaretfestival Cameretten in Voorburg. Met frisse tegenzin zat ik in de zaal. Ik zag hoe de ene na de andere cabaretier afstierf, kapotging of in een kuil zakte. Ik voelde mij steeds ongelukkiger worden en na vier acts gezien te hebben, kregen we de heuglijke mededeling dat de vijfde cabaretier had afgezegd. Precies toen ik dacht: 'Yes, ik mag naar huis!', bleek er een vervanger te zijn. Het was een jongen die zich te laat voor het festival had aangemeld, maar toch mocht invallen. Zijn naam was Guido Weijers. Als enige wist hij mij die avond twintig minuten lang heel hard te laten lachen.

Inmiddels zijn we al zestien jaar elkaars creatieve sparringpartners. Veel mensen zien Guido enkel op tv of in het theater, en hebben dan de indruk dat hij de hele dag als een humoristische orkaan door het leven gaat. Maar Guido heeft ook een hele andere kant.

Zo heb ik hem leren kennen als een scherp analyserende en intelligente persoon met een brede belangstelling voor psychologie, neurowetenschap en filosofie. Ik kan me herinneren dat wij tijdens een van onze eerste ontmoetingen al filosofeerden over geluk en over hoe we ons leven moesten gaan leven. Hedonistisch, pakken wat je pakken kan en alles opmaken? Of willen we iets bijdragen aan de wereld en geluk delen met anderen? Doe je altijd wat verstandig is, of ga je vooral dingen doen die je leuk vindt? Niet heel verwonderlijk dus dat hij nu met dit boekje komt.

In 2014 vroeg ik Guido een voorwoord te schrijven in mijn boek *Verlichting in de liefde.* Guido noemde zichzelf een slaaf van zijn hormonen, een sukkel in de liefde en hij had al meerdere malen een harem overwogen. Ironisch van mij om juist hem een voorwoord te laten schrijven in een boek over de liefde. Nu ben ik vereerd dat hij mij vraagt om een voorwoord te schrijven voor zijn boek over geluk. Het leek hem denk ik ironisch om iemand die zo neerslachtig en depressief is een voorwoord te laten schrijven in een boek over geluk. Maar het tegendeel is waar, ik voel me echt supergelukkig! En zonder reden. Ik slik geen antidepressiva, ik heb geen lifecoach, ik lees geen *Happinez*, ik heb nog nooit mijn chakra's gereinigd, ik heb nog nooit de loterij gewonnen en ik kreeg van Guido maar drie euro voor mijn verjaardag. En toch voel ik mij gelukkig, heel gelukkig. Hoe dat mogelijk is en hoe geluk werkt in ons brein, dat leest u in dit boekje.

Waarom loodgieters vaker blij zijn dan bankiers, wat een Carlosmoment is en waarom u dit boekje vooral cadeau moet geven aan iemand anders in plaats van aan uzelf, vertelt Guido u in de komende 128 pagina's vol geluk.

Paul Smit
spreker/filosoof

Top gedaan Paul, dank voor je mooie woorden!

OP GOED GELUK!

Wat een geluk heb je in handen! Door het delen van persoonlijke verhalen, vreemde gedachtekronkels, leuke feiten en mooie overpeinzingen hoop ik je de komende 118 pagina's nog gelukkiger te maken.

'Ja maar Weijers, waarom schrijft iemand als jij dit boekje?' Terechte vraag! Zoals jij niet hele dagen slaapt, een leeuw niet 24 uur per dag brult en een pornoacteur niet elke minuut van elk uur seks heeft, ben ik niet doorlopend grappig. Elk mens heeft meerdere kanten. Ik ook. Mensen snappen dat niet altijd en denken dat ik 24/7 de lolbroek uithang. Laatst op een feestje kwam er een goochelaar naar me toe: 'Jij bent toch die grappenmaker? Vertel eens een mop!' Ik had er totaal geen zin in en zei: 'Jij bent toch illusionist? Verdwijn dan eens?!'

VAN KLANKSCHAAL TOT WETENSCHAP

Naast het podium ben ik de rust zelve. Op het podium spreek ik, maar in het dagelijks leven observeer ik vooral. De laatste tijd zie ik om me heen veel mensen zoeken naar houvast en geluk. De kramp waarmee dat gepaard gaat, amuseert mij. Lifestyle- en beautyblogs, broccolidiëten, zelfhulpboeken, klankschaaltherapieën, meditatiecursussen en personal coaches – de geluksindustrie draait op volle toeren en klopt steeds grotere groepen mensen geld uit hun zakken. Maar vaak wordt er meer ingespeeld op onzekerheid of onwetendheid dan dat er wetenschappelijk wordt gekeken naar 'wat echt gelukkig maakt'. Ik dacht en denk er vaak het mijne van en dat deel ik dan ook graag in dit boekje.

JIJ BENT TOCH DIE ILLUSIONIST?
VERDWIJN EENS

Ik heb behoorlijk wat onderzoeken doorgespit. De gelukswetenschap zorgt elke dag voor een *shit-load* aan nieuwe informatie en frisse inzichten, en in rap tempo worden bestaande onderzoeken aan gort gerelativeerd. Dit boekje bevat daarom de beste tips en tricks om maximaal gelukkig te worden. Aan bod komen theorieën van hoogleraren als Joke van Saane, Andrea Evers, Sonja Lyubomirsky, Meike Bartels, Ap Dijksterhuis, Guy van Liemt en Daniel Gilbert, ideeën en quotes van filosofen als Socrates, Aristoteles, Paul Smit en ondergetekende, en feitjes van internet of uit wetenschappelijke studies en publicaties. Ik heb alles wat mij waardevol leek met plezier gebundeld tot dit lieve, kleine naslagwerkje. Voor iedereen die geïnteresseerd is in zowel de wetenschap van geluk als in mijn eigenzinnige gedachten daarbij.

In deel 1 gaan we op zoek naar de vraag wat geluk is en waarom we zoeken waar het niet is.

Deel 2 trekt ons de geschiedenis in. Daarin vertel ik wat Aristoteles vond van geluk (en wat ik van Aristoteles vind).

Deel 3 staat vol praktische feiten en onderzoeken. Wat hebben geld, trouwen, kinderen, een baan en vrienden te maken met je geluk?

In deel 4 worden handvatten aangereikt om geluk te laten groeien in je dagelijks leven.

WEES GEWAARSCHUWD: NIET ALLES GELDT 100% VOOR JOU

De resultaten van onderzoeken die ik aanhaal zijn meestal 'gemiddelden'. Zo zijn bepaalde groepen mensen 'gemiddeld' gelukkiger of ongelukkiger dan andere. Wellicht herken je jezelf er totaal niet in. Denk dan: 'Het gaat om gemiddelden!' Het kan zelfs zo zijn dat een onderzoek een gemiddelde uitkomst heeft, maar dat nul procent van de mensen voldoet aan dat gemiddelde. Snap je het nog?

Voorbeeld. De bevolking van Nederland bestaat voor ongeveer 50% uit vrouwen en 50% uit mannen. De Nederlander heeft dus gemiddeld één borst en een halve piemel. Je snapt wel: van die gemiddelde Nederlander bestaat er geen één.

Zo ken ik ook geen enkel gezin met 1,7 kind, terwijl dat toch echt het gemiddelde aantal kinderen per gezin is in Nederland. Een zwangere vrouw en haar man zijn gemiddeld beiden 50% zwanger. Maar 'half zwanger' lijkt me toch onmogelijk.

Dit boekje gaat daarom nooit 100% over jou. Wel ga ik ervan uit dat je veel gaat herkennen en dat het je plezier geeft. Daar is het in elk geval voor bedoeld. En het is voor iedereen: man of vrouw, oud of jong, blond of donker, rijk of arm, positivo of zuurpruim. Maar bovenal is dit boekje voor mooie, fijne, warme mensen zoals jij. Lees het, geef het weg, steek het in de hens, doe ermee wat je wil, zolang je er maar blij van wordt.

DEEL 1: **GELUK IN LETTERS**

Bij voorbaat excuus. Het is zeker niet zo dat ik jou als lezer onderschat. En ik ben ook niet bang voor chaos. Sterker nog, dat vind ik heerlijk. Maar aangezien ik voor het eerst een boekje maak, lijkt het me toch handig om je wat meer richting te geven. Dat je weet waar je aan toe bent, zeg maar.

In deel 1 van dit boekje gaan we antwoorden zoeken op vragen als:

- Waarom willen we gelukkig zijn?
- Wat is geluk dan precies?
- Hoe meten we geluk?
- Wie verdienen er aan geluk?
- En worden we daar dan wel gelukkiger van?

God, yogameisjes, John Lennon en m'n neefje Cas leren ons waar het bij geluk om draait. Nou, dat belooft wat!

Wensen op de Chele La Pass waaien met alle winden mee. (Maar mijn geluk bevroor daar bijna! Koud!!!)

WAAROM ZOEKEN WE GELUK?

Je hoeft *Psychologie Magazine*, *Happinez*, *Viva* en andere bladen maar open te slaan en het lijkt alsof iedereen op zoek is naar geluk. Op internet word je doodgegooid met 'de wetten van succes', 'de kracht van het brein', 'de wegen naar geluk' en 'de tips voor een beter leven'. Maar waarom willen we gelukkig zijn? Hoe pakken we het aan? En heeft het eigenlijk wel nut? Laten we beginnen bij het begin.

GELUK IS EEN LUXEPRODUCT

Er wordt vaak beweerd dat 'gelukkig zijn' het grootste doel is in ons leven. In onze westerse wereld lijkt dat wellicht ook waar. Maar primair zijn we natuurlijk helemaal niet geboren om 'gelukkig te zijn', maar simpelweg om te overleven en ons voort te planten.

Sinds we niet meer naakt met een speer achter de herten aanjagen, hebben we tijd en ruimte om ons druk te maken om andere dingen, zoals geluk. Je gaat je natuurlijk pas druk maken om geluk als je basisbehoeften – zoals eten, veiligheid en een dak boven je hoofd – geregeld zijn.

Als je ergens tussen Azië en Europa op de Middellandse Zee ronddobbert in een bomvol bootje, in de hoop dat je samen met je familie en de rest van je Syrische dorp ergens levend aankomt, dan komt heus niet de gedachte in je op: 'Ik moet nodig een dromenanalyse doen en m'n chakra's reinigen.' Dan heb je liever een lifejacket dan een lifecoach.

ALS JE TIJD HEBT
OM TE ZOEKEN
NAAR GELUK,
HEB JE NIET
ZO VEEL
TE KLAGEN.

RUPSJE NOOITGENOEG

Daarnaast is het zo dat wij mensen niet lang tevreden zijn. Dat is evolutionair bepaald. De natuur heeft ons zo geprogrammeerd dat we bij elke mijlpaal na een paar dagen alweer denken: 'En nu?' Evolutie is vooruitgang. Hoe zou het zijn als we na ons zwemdiploma A zouden denken: 'Mooi, we zijn nu wel klaar.' Dan stoppen we met groeien en ons ontwikkelen. En dat zit niet in ons systeem. Zo blijven we van nature ook onophoudelijk zoeken naar meer geluk.

GELOOF IN HET HIERNUMAALS

Snap je?!

Verder zie je dat de wetenschap aan populariteit wint en dat steeds minder mensen geloven in een hiernamaals. Met andere woorden: we wachten niet meer op een beloning na onze dood, maar we zijn ervan overtuigd dat we tijdens ons leven – dus nu en hier – mogen of soms zelfs moeten genieten.

Het besef dat we nu en hier mogen genieten en niet moeten wachten tot na de dood, kwam voor mij tot leven toen ik in 2012 het overlijdensbericht van Theo Verstappen zag. Door de tekst in dat bericht werd hij voor mij onsterfelijk.

'Op 98-jarige leeftijd (dan ben je al bijna onsterfelijk) overleden: Theo M.J.A. Verstappen'. Theo had het lef om daaronder te laten plaatsen: 'Op zijn verzoek zal er geen koffietafel, rouwbrief of -prentje zijn. Diegenen die koffie wensten, hebben volgens hem voldoende tijd gehad om deze samen met hem te drinken.' Wat een held is die Theo! Hij maakt het nog even helder en duidelijk. Wacht niet tot morgen met genieten. Vandaag dankbaarheid uiten, vandaag genieten van je vrienden, vandaag beseffen wat je hebt.

Theo M.J.A. Verstappen

Drager van het Koninklijke kruis van verdienste

geboren op 29 april 1914 in 's-Hertogenbosch
gestorven op 4 juli 2012 in Breda

Op zijn verzoek zal er geen koffietafel, rouwbrief of -prentje zijn

Diegenen die koffie wensten, hebben volgens hem voldoende tijd gehad om deze samen met hem te drinken

Omdat Theo zijn lichaam ter beschikking van de wetenschap heeft gesteld, is er geen mogelijkheid afscheid van hem te nemen.

Cabaretier Harrie Jekkers omschreef het ooit prachtig.
Zijn tekst heeft me meerdere malen tot tranen geroerd!

Op de dag
van mijn begrafenis
Als het gat
gegraven is
wil ik liever geen
bezoek aan huis
Blijf die dag
maar lekker thuis
Maar kom maar langs
kom maar langs
kom maar langs
nu ik nog leef...

(Harrie Jekkers)

Bekijk en beluister het lied van Harrie Jekkers
op www.puurgeluk.nl/blij

HET KROMME RECHT

Het streven naar geluk is voor velen van ons bijna een *way of life* geworden. We streven er niet alleen naar, we vinden zelfs dat dat een recht is. We MOETEN mogen streven naar geluk.

In 1776 nam Thomas Jefferson het streven naar geluk (*pursuit of happiness*) als een grondrecht voor elke burger op in de Amerikaanse Onafhankelijkheidsverklaring. En in 1793 is het recht op streven naar geluk erkend in de Franse grondwet.

Is dat niet raar? Dat je je kunt beroepen op het recht om naar geluk te zoeken of te streven. 'Ja edelachtbare, ik dacht dat ik gelukkig zou worden als ik mijn vrouw voor de trein zou duwen. Dat was onderdeel van m'n zoektocht naar geluk.' 'Nou oké, dan mag het. Volgende!'

JOUW GELUK IS HET MIJNE NIET!

We zijn allemaal op zoek naar een soort van geluk, maar als je vraagt wat geluk precies is, dan weet niemand een sluitende definitie te geven. Hoe komt dat?

Ten eerste omdat geluk een gevoel is. Het is natuurlijk zo subjectief als... als heel veel dingen eigenlijk... In bed heeft mijn vriendin het bijvoorbeeld altijd koud, terwijl ik het altijd warm heb. De een krijgt stamppot niet door z'n strot, voor de ander is stamppot puur geluk. De een vindt een weekend Center Parcs verschrikkelijk en voor de ander is het een nachtmerrie.

Dus geluk is een gevoel. Het is subjectief en moeilijk vast te pakken. Daarnaast is het zo dat we nooit officieel iets over geluk hebben geleerd. Ik heb op school nooit lessen gehad in geluk. Het leven zelf heeft me die lessen geschonken.

Op school leerde ik dat keizer Nero Rome had platgebrand in het jaar 64. Dat is natuurlijk ook superbelangrijk om te weten. Tenminste voor de mensen die in Rome woonden in het jaar 64. Maar mij boeide het nooit. Ik had liever lessen gehad in geluk. Ik was altijd meer een dromer. Net als John Lennon.

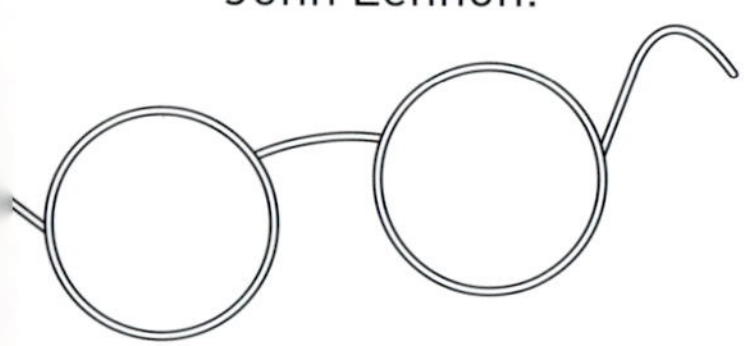

Op school vroeg de leraar, voor een opdracht, aan John Lennon: 'Wat wil je later worden als je groot bent?' John Lennon schreef op: 'Gelukkig.' Toen zei z'n leraar dat hij de opdracht niet begreep. Toen zei John dat de leraar het leven niet begreep.

GELUK IS...

Er bestaan natuurlijk duizenden definities van geluk. Zo zei Chuang-tzu: 'Geluk is de afwezigheid van het streven naar geluk.' Terwijl Boeddha beweerde: 'Er is geen weg naar geluk, geluk is de weg...' En was het Shakespeare niet die zei: 'Een ons geluk is meer dan een pond goud'? Dat was inderdaad niet Shakespeare. Dat was Frans Bauer.

Sommigen zien geluk als een soort 'mazzel': het toeval of lot aan je zijde hebben. 'Heb jij even geluk!' Anderen zien geluk als een soort 'genot' (als je hart een sprongetje maakt). Sommigen vinden dat geluk is: vrij zijn van angsten of verlangens. Anderen vinden je dan juist afgestompt. Geluk is voor iedereen anders.

EEN ONS GELUK IS MEER DAN EEN POND GOUD!

HET GEHEIM ONTHULD

Als we het over geluk hebben (en wereldwijd algemeen geluk meten), dan hebben we het over het antwoord op de vraag: 'Alles bij elkaar genomen, hoe tevreden of ontevreden ben je tegenwoordig met je leven als geheel?' Geluk is in die definitie: levenssatisfactie - tevredenheid met het leven.

De Nederlander geeft z'n geluk een 7,339, zo blijkt uit de laatste cijfers van maart 2016 (2013–2015). Daarmee staan we als land op nummer 7 van de wereld. Niet slecht toch! De jaren daarvoor (tussen 2010–2012) gaven we onszelf nog een 7,512 en stonden we wereldwijd op nummer 4! Dus we zakken wel iets, maar staan nog steeds ver boven België en Amerika. Geluk is dus niet altijd per se met de dommen.

World Happiness Report, uitgevoerd door VN-organisatie SDSN Earth Institute.

ALS IK EEN 10
ZOU SCOREN
VOOR GELUK,
ZOU IK
DOODONGELUKKIG
ZIJN.

Dan hebben we het over een vrij algemene tevredenheid van leven. Natuurlijk is er ook een 'gevoel van geluk op dit moment'. Om dat te weten te komen, stellen we simpelweg de vraag: 'Hoe gelukkig of ongelukkig (van 0 tot 10) voel je jezelf op dit moment?'

! Let op, dat zijn dus twee totaal verschillende vragen en twee verschillende definities van geluk.

Iemand die werkloos is, geen zicht heeft op een nieuwe baan en daarom z'n huur niet kan betalen, geeft z'n 'leven in het algemeen' wellicht een 4. Maar als je diezelfde man, terwijl hij samen met z'n zoontje een ijsje eet in de zon, vraagt hoe gelukkig hij zich op dat moment voelt, dan geeft hij z'n geluk misschien wel een 8 of 9. Of een man die z'n leven goed voor elkaar heeft geeft z'n leven een 8, maar als hij gehaast de deur uit loopt en in de hondenpoep stapt en iemand vraagt hem op dat moment: 'Hoe gelukkig bent u op dit moment?', dan geeft hij een 4. (Of hij zegt: 'Rot op met je kut-enquête!')

Wat is geluk eigenlijk?

'Het is een abstract paraplubegrip waar liefde, dankbaarheid, vreugde, sereniteit en tevredenheid onder vallen. Over geluk valt te twisten. Het ene onderzoek legt de nadruk op algehele levenswaardering. Andere onderzoeken kijken meer naar het emotionele welbevinden op een bepaald moment.' 'Het is ook nog eens een subjectieve maatstaf: jouw en mijn geluk zijn verschillend en ook mijn eigen geluk kan van dag tot dag of afhankelijk van de definitie verschillen. Toch blijken mensen tamelijk goed in staat hun geluksniveau te beoordelen – zeker als gevraagd wordt naar de actuele gemoedstoestand.' (Geluksprofessor Raj Raghunathan)

HOE VOEL JE JE NU?

Professor Daniel Gilbert, hoogleraar psychologie aan Harvard University en auteur van het boek *Stumbling on Happiness*, voerde een onderzoek uit waarbij mensen op bepaalde momenten van de dag werd gevraagd wat ze op dat moment deden en hoe gelukkig ze zich voelden. En dat leverde ongeveer dit op:

Mensen worden blijkbaar gelukkiger van tv-kijken dan van werken en gelukkiger van seks dan van in de trein zitten. Niet heel gek. Wel opvallend is de laatste kolom: een mens is tijdens het 'nietsdoen' niet heel gelukkig. Zelfs nog iets ongelukkiger dan tijdens het werk. Nietsdoen maakt niet eens gelukkiger dan tv-kijken. Een verklaring is dat mensen bij nietsdoen gaan malen en gaan piekeren.

En wat blijkt, we zijn als mens helemaal niet in staat om zelf in te schatten wat ons gelukkig maakt! Want als je mensen vraagt: 'Wat zou je doen als je de loterij wint en alles mogelijk is?', dan geven ze vaak een antwoord dat rust impliceert. 'Dan zou ik stoppen met werken en in een hangmat lekker niets gaan doen.' NEE! Dat is DOM! Om je gelukkig te voelen moet je gaan praten en televisiekijken tijdens de seks.

Niet alleen kunnen we niet altijd inschatten wat ons gelukkig maakt, we kunnen het ook bij anderen niet altijd voorspellen. Ik ben laatst met m'n neefje van vier in de Efteling geweest. M'n neefje heet Cas. Z'n ouders wilden hem eerst anders noemen, maar het was een couveusekindje. Als meest toffe oom (ach, je hebt een ambitie of niet) heb ik de hele dag de benen onder m'n kont vandaan gesjouwd. Elke lachspiegel en paddenstoel met muziek hebben we bestudeerd. Twee keer in het Carnaval Festival, vier keer in de draaiende potten. (Het lied *Monsieur Cannibal* komt intussen m'n strot uit.) Ik heb hem snoep, pannenkoeken en ijs gegeven en bij elke uitgang van elke attractie een pop of souvenir gekocht. Ik heb Efteling-muziek gedownload en op de terugweg hebben we friet gegeten. Toen ik een week later aan Cas vroeg wat hij het leukste vond van die dag Efteling, antwoordde hij vrolijk: 'Dat ik op de terugweg voorin mocht zitten...' Cas was blijkbaar van hele andere dingen onder de indruk dan ik vooraf kon bedenken.

ZOEKEN WAAR HET NIET IS...

Om mij heen zie ik veel mensen streven naar geluk. Een vriendin van me is ook wanhopig op zoek. Zij is de laatste tijd veranderd in een wandelend zelfhulpboek. Ze staat nu elke ochtend voor de spiegel en zegt dan met een trillende onderlip krampachtig tegen zichzelf: 'Hello tiger, I love you, je bent een powervrouw', om daarna eenzaam in snikken uit te barsten. Zij volgt sinds kort ook allemaal beautyvlogs, drinkt dagelijks enge gembersmoothies, is klankschaaltherapie gaan doen en ze luistert alleen nog maar naar vegetarische muziek.

ONTSPAN. NU!

Het is mij een raadsel waarom mensen vluchten in vage therapieën. Waar we ons vroeger eenmaal in de week een uurtje in de kerk op ons leven bezonnen, rustig met een glas wijn de week overdachten of gingen wandelen in het bos, nemen we nu geen tijd voor reflectie en rust. Sterker nog: we rennen harder dan ooit. De tredmolen draait overuren. De geluksindustrie speelt daar sluw op in. We betalen nu dik geld om gedwongen een uur in kleermakerszit bewust adem te halen of een *downward facing dog* uit te voeren.

Yogascholen schieten als paddenstoelen uit de grond.
Vaak zie je dit voorbijkomen als het over yoga gaat:

Maar de werkelijkheid is vaak dit!

En omdat yoga vaak in verband wordt gebracht met rust en reflectie, gaan veel yogaleraressen, meisjes van begin twintig, zelf ook langzaam geloven dat ze niet alleen lichamelijk fit zijn, maar ook nog eens geestelijk rijk en spiritueel verlicht. En omdat het bij hun generatie hoort, beginnen ze Instagram-accounts. En doordat ze er goed uitzien en andere jongeren niet door die bubbel heen prikken, krijgen ze nog veel volgers ook. Zo verworden ze tot een soort rolmodellen. Maar ze hebben in essentie natuurlijk weinig te melden!

INSTA-HARTJES

Er wordt ons een prachtige wereld voorgespiegeld die vooral online bestaat. Mijn #foodporn is meestal gewoon twee bruine boterhammen met kaas in plaats van een sandwich avocado, ei, tomaat en zangzaad (met een nonchalant prikkertje erdoor!). Ik krijg zelfs na weken trainen geen #sixpack. Heel Instagram wordt gefilterd met kleuren en eigenschappen die ons meer bevallen dan de werkelijkheid. Leuk hoor, al die opsmuk en uiterlijk vertoon, maar geluk begint toch bij het accepteren van het pure, echte, ongelogen leven.

Dus lieve mooie yogameisjes met een veel te strak lichaam in een veel te lekker yogapakje: stop met jezelf wijsmaken dat je weet hoe het leven in elkaar zit. Als je dertig jaar over het leven hebt nagedacht, of als je tien jaar in een klooster hebt gezeten om tot jezelf te komen en echt iets te vertellen hebt, dan mag je terugkomen. Tot die tijd mag je lekker foto's van de hartjes op de cappuccino posten op Snapchat, maar houd verder lekker je mond dicht!

EEN OP EEN

Het is ook helemaal in om een *personal coach* te hebben. Maar dat is niet veel meer dan een naampje. Iedereen die wat vage quotes over geluk op Facebook verspreidt en wat vrienden of vriendinnen heeft geholpen tijdens een moeilijke periode, noemt zich tegenwoordig personal coach of *spiritual teacher*. Vaak zijn dat mensen die zelf ook niet wisten wat ze met hun leven aan moesten. En die denken dat ze na drie boekjes over het boeddhisme gelezen te hebben, weten hoe het leven in elkaar zit.

Om dan serieus genomen te worden, doen ze een cursus *How to be a life coach in 1 day*. Serieus! In één dag is dat certificaat te halen. Dan is dat papiertje wat mij betreft net zo veel waard als een diploma van een schriftelijke cursus biljarten. Daar trap jij als slimme lezer natuurlijk niet in. Gelukkig maar!

DEEL 2: COPY-PASTE ARISTOTELES

Ik vond geschiedenis op school altijd een zinloos vak. Dat sukkeltje dat elke les weer vroeg waarom we oude koeien uit de sloot moesten halen, dat was ik. Advaita-goeroe Eckhart Tolle bevestigde mijn filosofie jaren later met de uitspraak:

IN HET VERLEDEN GEBEURT NIETS MEER. (ECKHART TOLLE)

Maar ik ben er ook van doordrongen dat je niet steeds opnieuw het wiel hoeft uit te vinden, want dat is natuurlijk zinloos. Wat werkt werkt. Ik ben trouwens niet de enige die er zo over denkt. Ik las in een boek van wetenschapper en schrijver Ben Tiggelaar dat hij psycholoog Martin Seligman citeerde, die op zijn beurt weer een theorie van Aristoteles had geleend. Aristoteles werd weer geïnspireerd door Plato en Socrates. Uiteindelijk heeft Aristoteles de eer gekregen voor de volgende indeling van geluk. Je hebt:

- The Pleasant Life
- The Good Life
- The Meaningful Life

Een balans in deze drie elementen zou leiden tot een maximaal gelukkig leven. In dit deel laat ik zien hoe dat werkt. Met een beetje van Aristoteles en een beetje van mezelf.

THE PLEASANT LIFE - TRILLEND VAN GENOT

We kennen allemaal dat gelukkige gevoel van intense vreugde! Veelal wat kortere momenten, de momenten waarop we erg blij zijn of een kick ervaren. Het *plezierige leven*, zoals Aristoteles het noemt, hangt samen met de term *hedonia*, het Griekse woord voor genot. Een orgasme krijgen, genieten van de geur van pas gemaaid gras, chocola eten, bungeejumpen, lekker losgaan op een dancefeest. Of een orgasme krijgen terwijl je geniet van de geur van pas gemaaid gras en chocola eet terwijl je bungeejumpt en naar vette dancemuziek luistert.

Het zorgt allemaal voor extra stofjes in de hersenen, waardoor we ons te gek voelen. Kortstondig ultiem genieten. Het gaat erom dat je 'voor even' een besef

Dit woord mag van mij in de Dikke Van Dale!

hebt van geluk. Een fijn gevoel stroomt even door je aderen, een gevoel waarvan je hoopt dat het nooit ophoudt. En daar zit hem nou net de crux. Want plezier/genot is vaak tijdelijk en op jezelf gericht. Je zou kunnen denken dat als je je leven lang allemaal kortstondige, tijdelijke momenten van geluk aan elkaar rijgt, dat je dan maximaal gelukkig bent. Maar is dat ook zo?

HET BUBBELBADMOMENT

Ik heb thuis een bubbelbad. Geen dikke jacuzzi, maar een normaal bad met wat extra streams en lucht. En daar kan ik extreem van genieten! Het erin gaan zitten als het water gloeiend heet is, maakt me ongelooflijk gelukkig. Een zucht van genot... Maar na tien minuten denk ik ineens: 'Hé wacht eens even, zo heet is het helemaal niet!' Het koelt zelfs behoorlijk snel af. Dus dan doe ik er heet water bij. En dat is heerlijk. Opnieuw ervaar ik een moment van geluk. Ik voel het water mijn kant op stromen, van m'n voeten naar m'n kuiten, naar m'n hamstrings naar m'n... Maar echt heet... dat ik bijna kook... Heerlijk! Maar of de duvel ermee speelt, na een paar minuten ben ik er verdorie weer aan gewend!

Binnen vijftien minuten kan ik blijkbaar niet meer genieten van datgene waar ik een kwartier eerder nog een extreme weldaad door voelde. Dus na twintig minuten sta ik met een waterkoker kokend water over m'n scheenbenen te gieten. Het went allemaal.

Hetzelfde geldt voor een toename van vermogen, een grotere auto, meer status of meer erkenning. We denken steeds: 'Als ik die baan eenmaal heb – of die auto of dat huis of die relatie – dan ben ik gelukkig.' Maar zijn we eenmaal bij dat punt aangekomen, dan went het heel snel. Noem het maar een *bubbelbadmoment.*

GEEN ZORGEN,
ALLES WENT...

VAN SLACHTERIJ TOT ZIGGO DOME - DOES SIZE MATTER?

In 2001 mocht ik voor het eerst door Nederland toeren met een solocabaret-voorstelling. En ik was beretrots. Ik mocht optreden in Theater 't Pand te Gorinchem, waar zelfs de grote Youp (waar ik toen nog huizenhoog tegenop keek) optrad. In 't Pand zat vroeger een slachterij, maar nu is het een vrolijk theatertje met 56 stoeltjes. Die avond van m'n eerste voorstelling was ik de koning te rijk. 56 vrolijke gezichten staarden me aan, luisterden naar m'n verhaal en – niet onbelangrijk voor m'n ego – ze lachten heel hard!

In die jaren speelde ik in alle jongerencentra, poppodia, culturele instellingen en dorpshuizen van Nederland. Soms voor zestig mensen, soms zelfs voor tweehonderd. In de jaren daarna werden de zalen steeds groter. Overal waar ik terugkwam, verdubbelde het publiek. Na de eerste vijf jaar groeien, groeien en nog eens groeien stond ik eindelijk overal in de grote theaters voor volle zalen.

En weer tien jaar verder – een eigen tv-programma, oudejaarsconferences op primetime en optredens in een uitverkocht Ziggo Dome verder – went eigenlijk alles.

Komt dit patserig over?

Heel eerlijk? Je kunt mij niet blijer krijgen dan met een zaal vol leuke, lieve mensen die vol energie genieten van een voorstelling of van elkaar. Hoe groot die zaal moet zijn? Mijn kick was in Theater 't Pand even groot als in de Ziggo Dome.

Ons brein went dus in no-time aan alles! Dat is heel handig bij vervelende gebeurtenissen. Als jou iets overkomt – je lief verlaat je of je verliest je baan – dan is het fijn dat je hersenen en je systeem zich snel aanpassen aan je

Het publiek is natuurlijk een fantastisch warm bad. Maar zorgt ook voor een bubbelbadmoment ;-)

nieuwe situatie. Maar bij mooie dingen is het eigenlijk jammer! Je hebt dan weer snel behoefte aan een nieuw geluksmoment. En dat kun je bijna eindeloos volhouden. Maar zelfs als je je leven lang momenten van geluk aan elkaar rijgt, dan blijf je het gevoel houden van: *'There's something missing.'*

Klein of groot.
RAAK NOOIT-UITVERBAASD!

THE GOOD LIFE - KLEUR JIJ WÉL BINNEN DE LIJNTJES?

We doen dus veel leuke, lekkere dingen om ons gelukkiger te voelen ('het plezierige leven/hedonia'). Tegelijkertijd zijn we op zoek naar een algemene toestand van welbevinden. Aristoteles noemde dit tweede element van geluk *the good life/eudaimonia.* We willen graag een 'deugdzaam leven' leiden. Geluk is in die zin ook een moreel begrip.

Moed, wijsheid, maar vooral ook gematigdheid (het midden houden) en rechtvaardigheid, zijn volgens Aristoteles nodig om *uiteindelijk* gelukkig te zijn. Als je niet vreemdgaat, geen schulden hebt, nooit te hard rijdt, netjes bent tegen bejaarden, vergevingsgezind bent, je bord leegeet, met twee woorden spreekt enzovoort, enzovoort, zul je uiteindelijk gelukkiger worden. Als je altijd binnen de lijntjes kleurt, kun je trots zijn op jezelf. Dan heb je het 'goed gedaan' in je leven.

The good life is dus vooral een antwoord op de vraag: 'Heb ik het maximale uit mezelf gehaald en heb ik dat op een deugdzame manier gedaan?' Aristoteles noemt het de optimale zelfverwerkelijking: *becoming the best you can be*. Maar eerlijk is eerlijk: het klinkt ook wat gezapig, dat deugdzame leven. Altijd binnen de lijntjes blijven is maar saai. Door het geluid gaan, dansen op de vulkaan, nieuwe grenzen opzoeken – daar zit het avontuur!

DUS MOETEN WE DANSEN EN MOETEN WE VRIJEN, MOETEN WE LACHEN EN DRINKEN VOL VUUR. (YOUP VAN 'T HEK)

En zolang we dat doen zonder anderen te schaden, is dat natuurlijk prima. Want dat is op zich ook weer deugdzaam. Dat maak ik mezelf tenminste graag wijs als ik weer eens te hard heb gereden of met een kater in bed lig.

Ooit stonden er twee Jehova's getuigen aan de deur van m'n studentenhuis, om me een boekje te overhandigen. Ik heb ze netjes verteld dat dat aan mij niet besteed is, omdat ik niet religieus ben. Daarna heb ik de rollen omgedraaid en hun verteld dat onderstaande tekst een mooi houvast is om deugdzaam te leven. Ik heb de tekst geprint en meegegeven. Wie is hier nu de predikant?!

Wees waarachtig

Wees kalm te midden van de haast en het lawaai;
bedenk welke vrede er kan heersen in stilte.
Sta op goede voet met alle mensen,
maar zonder jezelf geweld aan te doen.
Zeg je waarheid rustig en duidelijk,
en luister naar anderen, zelfs als zij saai en onwetend zijn;
ook zij hebben hun verhaal.

Mijd luidruchtige en agressieve mensen; zij belasten de geest.
Als je jezelf met anderen vergelijkt, zou je ijdel kunnen worden of verbitterd,
want er zullen altijd kleinere en grotere mensen zijn dan jijzelf.

Verheug je over wat je hebt bereikt, evenals over je plannen.
Houd belangstelling voor je werk, hoe nederig dat ook moge zijn;
het is een werkelijk bezit in het wisselend fortuin van de tijd.
Betracht voorzichtigheid bij al je zaken, want de wereld is vol bedrog.
Maar laat dit je niet verblinden voor de bestaande deugd;
veel mensen streven hoge idealen na, en overal is er heldendom in het leven.
Wees jezelf. Veins vooral geen genegenheid, maar wees evenmin cynisch over de liefde.
Want bij alle dorheid en ontgoocheling is zij eeuwig als het gras.

Volg de loop der jaren met gratie, verlang niet naar een tijd die achter je ligt.
Kweek geestkracht aan om beschermd te zijn bij onverwachte tegenslag.
Maar laat je gemoed niet verontrusten met een spookbeeld.
Vele angsten worden uit vermoeidheid en eenzaamheid geboren.
Volg een gezonde discipline, maar wees daarbij zacht voor jezelf.
Je bent een kind van het heelal, niet minder dan de bomen en de sterren.
Je hebt het recht om hier te zijn.
En of je er nu iets van begrijpt of niet, het heelal ontvouwt zich toch zoals het hoort.
Heb daarom vrede met God, hoe je je Hem ook voorstelt.
En wat je werk en je aspiraties ook mogen zijn:
bewaar vrede met je ziel in de lawaaiige verwarring van het leven.
Met al zijn ijdelheid, zwoegen en vervlogen dromen is dit nog steeds een prachtige wereld.
Wees waarachtig. Streef naar geluk.

HET ULTIEME DEUGDZAME LEVEN

Ik probeer altijd op m'n innerlijke kompas te vertrouwen. Veel mensen leven hun leven naar de verwachtingen van anderen. Laat je niet leiden door een religie of sociale druk, maar bepaal lekker zelf wat deugdzaam is en wat voor jou juist voelt, zonder daarbij anderen te schaden. En laat je ook zeker niet leiden door een loensende cabaretier die pretendeert te weten wat deugdzaam is. Volg je hart, niet de ideeën die je omgeving over je uitstrooit.

INTERN CONFLICT

We zijn nu op het punt dat Aristoteles ons twee situaties heeft voorgelegd. *Plezier/genot* speelt veelal op de korte termijn. Het *'goed voor elkaar hebben'*, waarvoor een bepaalde verstandigheid, gematigdheid en wijsheid nodig is, speelt op de langere termijn. En daar zit een intrinsieke strijd! In je eigen hoofd en hart vechten stemmetjes natuurlijk om hun gelijk: het ene wil 'verstandig en deugdzaam zijn', terwijl het andere meer neigt naar *instant satisfaction*. Het ene stemmetje in je hoofd zegt: 'Hup, lekker naar bed en morgen fris uit de veren!' Terwijl een ander stemmetje roept: 'Joh, neem nu nog een wijntje en dan kijken we nog één Netflixje...'

BIJ NEE KRIJG JE ER TWEE

Je kent wellicht wel het marshmallow-experiment, eind jaren zestig uitgevoerd door psycholoog Walter Mischel. Kinderen worden op een stoel gezet en krijgen van een volwassene een marshmallow voor hun neus. Dan zegt de volwassene: 'Ik ga even de kamer uit en intussen mag jij de marshmallow opeten, maar als het je lukt om 'm te laten liggen in plaats van 'm op te eten, krijg je als ik terugkom twee marshmallows!'

Vervolgens zie je die kinderen echt struggelen. Sommige kinderen likken aan de marshmallow (maar niet eten!), sommige kinderen houden de handen op hun rug om zich te bedwingen, terwijl andere binnen tien seconden denken: 'Fuck it, ik wil nu genieten!' Die stoppen de marshmallow direct in hun mond! Mnomnomnom!

Wat bleek bij dit experiment? De kinderen die niet meteen de marshmallow wegschransten en werden beloond met twee marshmallows, bleken jaren later als volwassene succesvoller en gelukkiger te zijn!

Het grappige is dat als mensen moeten kiezen tussen nu 50 euro of over een maand 60 euro, ze toch gaan voor die 50 euro nu. Om het maar alvast te hebben! Ook een soort marshmallow.

Nu kunnen we erover twisten of het komt door hun gedisciplineerde opvoeding, door hun intrinsieke vermogen om verlangen uit te stellen of door wat dan ook. Feit blijft dat het op internet de geweldigste filmpjes oplevert! (Zie: www.puurgeluk.nl/blij.)

In eerste instantie maak ik mezelf wijs dat het natuurlijk schattig is hoe kinderen die verleiding niet kunnen weerstaan. Maar al binnen enkele seconden schieten er voorbeelden door m'n hoofd waarbij ook ik steeds toegeef aan verleidingen. Als ik naar de bios ga en een grote bak popcorn koop, dan beloof ik mezelf: 'Ik begin pas met eten als de film begonnen is.' Maar dat lukt mij nooit! Mijn flesje cola is al op voordat de commercials voorbij zijn. En zo koop ik bij een tankstation weleens een zakje winegums of een zak Dorito's. Ik maak mezelf dan wijs dat ik aan de helft van het zakje wel genoeg heb en dat ik de discipline heb om dan te stoppen. Maar of ik nu nog 15 of 200 kilometer tot m'n bestemming moet rijden, in beide gevallen is het zakje leeg voordat ik er ben.

BALANS IS HET TOVERWOORD

Het mooiste is als je *pleasant life* en je *good life* in balans zijn, dat je je leven goed voor elkaar hebt en dat je veel leuke dingen doet. Iemand wie dit is gelukt, is René Froger!

ik kan niet zeggen dat ik iets tekort kom
geen idee geen benul wat de smaak van honger is
als ik geen zin heb om te koken
dan loop ik even naar de markt voor een moot gebakken vis
als ik morgen geen zin heb om te werken
dan stel ik al het werk tot overmorgen uit
en als de kleuren van mijn huis me irriteren
dan vraag ik of de buurman het vandaag nog overspuit

Plezier

Goed Leven

ik kan niet zeggen dat ik iets tekort kom
geen idee geen benul wat gebrek aan liefde is
vandaag kocht ik mijn derde videorecorder
van nu af aan is er dus geen programma dat ik mis
mijn vader en mijn moeder zijn nog allebei in leven
dankzij hun heb ik een fijne jeugd gehad
en voordat jij en ik vanavond vroeg onder de wol gaan
gaan we met z'n tweeën drie keer uitgebreid in bad

Lange termijn

Korte termijn

een eigen huis
een plek onder de zon
en altijd iemand in de buurt die van me houden kon
toch wou ik dat ik net iets vaker
iets vaker simpelweg gelukkig was
oohhoo
een eigen huis
een plek onder de zon
en altijd iemand in de buurt die van me houden kon
toch wou ik dat ik net iets vaker
iets vaker simpelweg gelukkig was

Nog steeds niet gelukkig!!!

Renés genot/plezier (pleasant life/kortere termijn) wordt ruimschoots bevredigd. Hij geniet van een moot gebakken vis, van de zon die doorbreekt en van een vers kopje thee. Ook gaat hij lekker met z'n tweeën drie keer uitgebreid in bad. Dat laatste lijkt me trouwens ook een typisch voorbeeld van een bubbelbadmoment. Net zoals het kopen van z'n derde videorecorder. (*) Dat went natuurlijk heel snel, al zorgt het wel tijdelijk voor plezier/genot.

Daarnaast komt René niets tekort (good life/langere termijn). Hij heeft geen idee wat gebrek aan liefde is. Hij heeft een fijne jeugd gehad. Hij heeft geen idee, geen benul wat de smaak van honger is... (Dat laatste zie je ook wel aan hem! Ik weet zeker dat René zou zakken voor die marshmallowtest!)

René beleeft dus veel leuke momenten. En hij heeft het ook nog eens prima voor elkaar... Hij mag niet ontevreden zijn... *En toch wou hij dat hij net iets vaker, iets vaker simpelweg gelukkig was.*

Hij blijft toch het gevoel houden van: *there's still something missing*. Waar het René Froger (in z'n lied) aan ontbreekt, is namelijk Aristoteles' derde element van geluk: zinvol leven!

(*) Noot voor iedereen geboren na 1990: een videorecorder, daar kon je vroeger videobanden mee afspelen met films erop. En die film huurde je in een videotheek. Een videotheek is een soort Netflix, maar dan in een gebouw.

(*) Noot voor iedereen geboren voor 1960: Netflix is een soort videotheek, maar dan online.

THE MEANINGFUL LIFE

Je zou denken dat als je een perfecte balans hebt tussen 'het goed voor elkaar hebben' (*the good life*) en plezier/genot (*the pleasant life*), dat je geluk dan maximaal is. Maar naast deze twee vormen van geluk kun je jezelf altijd nog de vraag stellen: 'Wat heeft het allemaal voor zin?'

De derde vorm van Aristoteles gaat over *the meaningful life*. Deze is in tegenstelling tot the pleasant life en the good life niet op onszelf gericht, maar op anderen en de wereld om ons heen. We voelen dat ons leven zin heeft als we sociaal zijn of iets doen voor de wereld. Om niet bij te dragen aan de bio-industrie ben ik vegetariër. Ik heb een eigen stichting die veel geld ophaalt voor onderzoek naar kanker. Ik rijd een auto met een stekker en heb zonnepanelen aangeschaft voor een duurzamere wereld. Ik laat duizenden mensen lachen. Allemaal daden om de wereld te helpen en meer mensen blij te maken. En bijkomend voordeel: ik blijk er zelf keihard gelukkiger door te worden!

Iets waarmee je mensen verlicht, mensen blij maakt, of de wereld verbetert, maakt ook jezelf gelukkiger. En dat hoeft niet groot te zijn. Je hoeft geen vliegtuigkaping te voorkomen, geen medicijn tegen lepra uit te vinden of geen moeder Teresa te zijn. Voor sommige mensen is het enige doel in hun leven: 'Zorgen dat m'n dochtertje gelukkig is.' En ook dat is natuurlijk al een enorme ambitie. De wereld kun je ook mooier maken door elke dag iemand een complimentje te geven, door wat kleingeld weg te geven of door wat tijd voor iemand anders over te hebben. Kleine veranderingen kunnen een enorm verschil maken in het leven van mensen.

DIEGENE DIE DENKT
DAT KLEINE DINGEN
GEEN INVLOED HEBBEN
OP HET GROTE GEHEEL,
HEEFT NOG NOOIT
EEN MUG OP
Z'N KAMER GEHAD.

Dit woord mag ook in de Dikke Van Dale!

CARLOSMOMENTJE

Afgelopen jaar leerde ik Jaap Bressers kennen, een vrolijke, slimme gast, die vanuit z'n rolstoel lezingen geeft voor bedrijven. Tijdens een vakantie in Portugal nam hij een frisse duik in de golven. Daarbij kwam hij wat ongelukkig terecht. Of nou ja... wat ongelukkig... Jaap brak z'n nek en had vanaf die fatale seconde een hoge dwarslaesie. Hij was 21 en voor de rest van zijn leven vanaf borsthoogte verlamd.

Jaap belandde direct op de intensive care van een Portugees ziekenhuis. En 's nachts, half bij bewustzijn, raakte hij weleens in paniek. Dan kreeg hij angstaanvallen en begon hij te schreeuwen. Dat schijnt een normaal symptoom te zijn bij duikongevallen en dwarslaesies, dus de verpleging was er inmiddels wel aan gewend. Of beter gezegd: was erdoor afgestompt, want niemand ging meer bij de patiënten kijken.

Totdat Carlos, een nieuwe verpleger, op de afdeling kwam werken. Carlos dacht: 'Ook al kunnen we medisch gezien niets veranderen, we werken hier wel met mensen. Ik laat niemand angstig zijn. Dus als iemand 's nachts schreeuwt of onrustig is, dan ga ik erheen. Dan leg ik een hand op z'n schouder, op een plek waar hij nog wel iets voelt, en dan zeg ik gewoon: "It's okay".'

Die paar woorden en die ene hand maakten een wereld van verschil. Jaap werd gehoord en kreeg aandacht, hij werd niet langer genegeerd. Soms kun je met iets heel kleins de wereld verbeteren. Met een Carlosmomentje, zoals Jaap het zelf noemt. (Zie: www.puurgeluk.nl/blij.)

SOMMIGE MENSEN
DRAGEN IETS BIJ,
DIE LATEN IETS NA
OP DEZE WERELD.
EN ANDERE MENSEN
OP DEZE WERELD
DIE LATEN HET NA OM
IETS BIJ TE DRAGEN.

ARISTOTELES ALL-IN-ONE

Er lijkt dus sprake van een drie-eenheid die bijdraagt aan een gelukkiger leven:

THE PLEASANT LIFE

Het is prima om te bungeejumpen, een koekje te eten, nieuwe schoenen te kopen of een orgasme te beleven... Maar het fijne gevoel is wel van tijdelijke aard. Zuurpruimen zeggen dat deze dingen, vanwege die tijdelijkheid, zinloos zijn. Geef hun de middelvinger! Zolang we accepteren dat het gevoel van bevrediging tijdelijk is en we er toch van genieten, lijkt 'plezier en genot' me een prima tijdverdrijf.

THE GOOD LIFE

Veiligheid, geborgenheid, leven zonder schuldgevoel, gematigdheid en stabiliteit dragen allemaal bij aan een bepaalde mate van geluk. Laat anderen niet bepalen 'hoe het hoort', maar vaar op je innerlijke kompas. Doe wat voor jou 'deugdzaam' is, zonder je te veel te laten leiden door meningen van anderen.

THE MEANINGFUL LIFE

Iets doen voor anderen of de wereld om ons heen geeft ons leven zin. Dat draagt op zichzelf al bij aan ons geluk. Daarnaast is het ook zo dat als we wat zinnigs doen en wat bijdragen, we ons niet schuldig hoeven te voelen als we onszelf af en toe toestaan om zelfzuchtig gelukkig te zijn.

SAMENVATTING SAMENGEVAT

Als ik zelf de samenvatting van Aristoteles zou mogen samenvatten (en dat mag ik, want het is verdorie mijn boekje!) zou ik dus adviseren: doe veel leuke dingen en sta jezelf toe daarvan te genieten, zorg dat je het goed voor elkaar hebt (wees verstandig en deugdzaam waar het moet en bepaal daarin je eigen normen en waarden) en zorg dat je ook wat zinnigs doet op deze aardkloot.

Geluk in de steigers.

DEEL 3: **JE LEVEN OP EEN RIJTJE**

Je ouders wensen altijd het allerbeste voor jou (uitzonderingen daargelaten). Je zou dus verwachten dat ze goed kunnen inschatten waar jij gelukkig van wordt. Zij hebben immers meer ervaring in het leven dan jijzelf. Maar zoals we al in meer voorbeelden merkten, werkt het vaak toch anders.

Ouders wensen hun kinderen alle gezondheid toe en hopen dat ze prima mee kunnen op school, een goede baan krijgen, een leuke partner vinden, een fijn gezin stichten et cetera. Ook onze maatschappij zit helemaal volgepropt met diezelfde verwachtingen. Vanaf je vierde levensjaar word je op school tot aan je wenkbrauwen volgestouwd met kennis en vaardigheden, met als uiteindelijk doel om keiharde pecunia te verdienen.

Als we proosten op de jarige zeggen we: 'Op je gezondheid!' Als iemand kinderen krijgt zeggen we: 'Gefeliciteerd, het mooiste wat je zal overkomen.' En als iemand een leuk huis en een mooie auto heeft, zeggen we dat diegene het 'goed gedaan' heeft. Maar zijn werk, kinderen, vrienden, geloof, trouwen, geld of gezondheid wel de sleutels tot geluk?

In deel 3 nemen we dit soort zaken eens even onder de loep. Nu heb ik er, gezien mijn oogafwijking, wellicht een andere kijk op, maar ook de wetenschap zal je verbazen.

EN ZE LEEFDEN NOG GEZOND EN GELUKKIG...

Je kent het wel. Je zit op een verjaardag en je hoort de gastvrouw vanuit de keuken: Hhhh... hhhh... hatsjoe! In een *split second* denk je: 'Gatver, als Liesbeth maar niet op de taart heeft geniest.' Maar je roept natuurlijk heel netjes richting de keuken: 'Gezondheid!'

Daarna trekt René een flesje goedkope rosé open, omdat 'Liesbeth maar één keer per jaar jarig is'. Je ruikt en denkt meteen: 'Gatver wat een zuur bocht.' Maar je heft netjes het glas en zegt: 'Proost Liesbeth, op je gezondheid!'

Dan wordt het proostmoment meteen gebruikt om 'iets aan te kondigen': Liesbeth en René zijn zwanger. Na een 'van harte' en 'wat geweldig' vraag je als vanzelf: 'Weten jullie het al? Wordt het een jongen of een meisje?' Waarop Liesbeth antwoordt: 'Dat weten we niet, maakt ons eigenlijk ook niet uit, als het maar gezond is.'

Wat is dat toch? Blijkbaar gaan we er automatisch van uit dat gezondheid ons vanzelf veel gelukkiger maakt.

GEZONDHEID ZIT IN EEN KLEIN HOEKJE

Als je zelf weleens kiespijn hebt gehad, dan weet je dat je daar behoorlijk chagrijnig van kan worden. En natuurlijk kennen we ook de voorbeelden van mensen met een piep in hun oor, die van een flat af springen omdat ze er gek van worden. Maar over het algemeen, gemiddeld en op de lange termijn blijkt dat de mate van gezondheid niet zoveel invloed heeft op geluk. We denken vaak dat ernstig of chronisch zieken, of lichamelijk beperkte mensen veel ongelukkiger zijn. Maar dat valt allemaal reuze mee. Minder gezonde mensen geven hun geluk wel een iets lager cijfer, hoewel dat verschil erg klein en arbitrair is.

Gezonde mensen zijn dus niet per se gelukkiger.
Andersom is wel waar!
Gelukkige mensen zijn gezonder.

BROODJE GELUK MET RAUWKOST

Gelukkige mensen hebben een beter immuunsysteem, hebben minder vaak hart- en vaatziekten en als ze al ziek zijn herstellen ze sneller. Gelukkige mensen leven drie tot zeven jaar langer! Dat verschil in levensverwachting lijkt net zo groot als bij rokers en niet-rokers. De psychologische factor geluk is dus van grote invloed op gezondheid.

Conclusie: gelukkige mensen zijn gezonder.

Tot zover de rechtstreekse invloed van je geest op je lichaam. Indirect zijn er ook effecten van geluk op gezondheid. Gelukkige mensen zijn over het algemeen wat actiever en ze doen meer aan sport. Ook roken en drinken ze automatisch wat gematigder, zo blijkt uit onderzoek. En omdat gelukkige mensen vaker een partner hebben en uit onderzoek blijkt dat alleenstaanden vaker ziek zijn en korter leven, kunnen we concluderen dat gelukkige mensen gemiddeld langer leven dan alleenstaanden.

Conclusie: als je langer en met minder lichamelijke klachten wil leven, moet je niet per se letten op je gezondheid, maar op je geluk!

Met veel stress elke dag verkrampt broccoli en warme tomaat eten, is minder gezond dan zonder stress af en toe een keer een patatje halen. Tenminste, dat maak ik mezelf wijs. En daar word ik gelukkiger van. Dus gezonder.

En als je iemand een lang en gelukkig leven wenst, zoals in sprookjes: hef dan het glas op geluk en zeg na het niesen geen 'gezondheid', maar 'geluk'. En als iemand kinderen krijgt, hoop dan vooral dat het kind gelukkig wordt!

ZOU JE DAT NOU WEL DOEN?
JA NATUURLIJK! IK WORD HIER GELUKKIGER VAN EN GELUKKIGE MENSEN ZIJN GEZONDER... DUS TAARTJES ETEN IS GEZOND!

GELUKKIG VEEL GELD

Al roepen veel mensen dat geld niet gelukkig maakt, iedereen raapt het toch op als het op straat ligt. Geld kun je gewoon tellen, maar de emotie die erbij hoort is moeilijk te meten. Toch weet de wetenschap intussen veel over de relatie tussen geld en geluk. Maakt geld nou wel of niet gelukkig? Zo nee, waarom niet? En zo ja, hoe dan?

PAULS VERJAARDAG

Laatst werd Paul, een vriend van me, veertig. Normaal gesproken doe ik niet aan verjaardagen, omdat die vaak in het weekend gevierd worden en ik dan in het theater sta. Meestal stuur ik dan gewoon een leuk kaartje. Zo'n verjaardagskaart kost ongeveer drie euro. En voor die drie euro belt Paul me dan de dag na z'n verjaardag dankbaar op: 'Leuk dat je eraan hebt gedacht! Echt heel lief, dat waardeer ik!'

Omdat ik toevallig vrij was, dacht ik: 'Ik ga hem eens verrassen.' Dus ik ben naar Gouda gereden. Dat is met de auto ongeveer 140 km (heen en terug) x 19 cent (minimaal) de kilometer is 26,60 euro aan declarabele reiskosten. Dat kost me dus negen keer zo veel als een verjaardagskaart.

Maar om nou helemaal niets te geven omdat ik die 26,60 aan kosten al heb gemaakt, dat vond ik ook zo zeikerig. Dus, zo dacht ik, ik geef hem alsnog het geld dat ik normaal aan een kaart zou hebben besteed, gewoon contant in z'n hand. Dus bij binnenkomst kijk ik hem aan, feliciteer hem met z'n veertigste verjaardag en stop hem drie euro in z'n hand.

Nou, je had z'n gezicht moeten zien! Hij keek heel vreemd. Helemaal niet dankbaar. Eerder verward of zo. En de dag na z'n verjaardag kwam er ook geen telefoontje van: 'Leuk dat je er was... Echt heel lief, dat waardeer ik heel erg.' Terwijl ik in totaal tien keer zo veel had besteed als in andere jaren!

Geld maakt niet gelukkig,
maar gelukkig maken ze geld. :-)

OMA MYANMAR

Afgelopen jaar was ik met m'n vriendin in Myanmar, het voormalige Birma. We liepen samen door een dorpje aan de zuidkant van het bekende Inle Lake. In een klein straatje, net buiten de drukte, zaten drie oude vrouwtjes op straat naast elkaar, waarvan er een echt een prachtig mooi, doorleefd gezicht had.

Omdat wij beiden graag fotograferen, zeiden m'n vriendin en ik meteen tegen elkaar: 'Kijk, die heeft een prachtige kop!' Maar gek genoeg liepen we door, een beetje huiverig om stiekem een foto te maken. Op de hoek van de straat ging m'n vriendin even naar een openbaar toilet en ik bleef wachtend achter. Toen begon het te knagen.

Mensen krijgen op de korte termijn spijt van dingen die ze hebben gedaan, maar op de langere termijn spijt van dingen die ze niet hebben gedaan. Van gemiste kansen. En het flitste door m'n hoofd: 'Guido, als je nu niet naar dat vrouwtje teruggaat en een foto maakt, heb je je leven lang een kans gemist.'

Dus ik dacht: 'Fuck it, ik loop vijftig meter terug.' Ondertussen maakte ik vast een paar foto's om de instellingen voor het licht al goed te hebben. Aangekomen bij het vrouwtje hurkte ik voor haar neer en maakte een gebaar naar m'n camera. Ze knikte en gaf toestemming voor een foto...

← Zij dankbaar, ik dankbaar.

Ik schoot een vijftal foto's en gaf haar een briefje van 100 kyat, omgerekend 71 eurocent.

De vrouw nam het briefje aan, vouwde het tussen haar vingers, drukte het tegen haar voorhoofd en hief daarna haar handen naar de hemel. Zo dankbaar. Voor 71 cent had ik de mooiste foto van m'n hele reis door Myanmar en zij een goede dag.

MAAKT GELD GELUKKIG? ZEKER WEL

Sterker nog... als ik die vrouw als bedankje een kaartje zou hebben gestuurd, dan had ze gedacht: 'Maar daar kan ik toch niet van eten?' 71 cent hè! 71 cent! En die vriend van me kreeg meer dan vier keer zo veel. Ondankbare hond...

Zijn mensen in een Porsche dan gemiddeld gelukkiger dan mensen in bijvoorbeeld een Renault Clio? Nee. Ze zijn wel gelukkiger dan mensen in een Fiat Multipla! Dat kan ik niet wetenschappelijk onderbouwen! Maar dat hoop ik gewoon!

OOK AL
BEN JE MILJONAIR,
ALS HET REGENT
WORD JE NAT.

VAKKEN OF ZAKKEN VULLEN

Een vakkenvuller merkt veel van een loonsverhoging van 5%. Dat betekent dat hij eerder z'n nieuwe telefoon of scooter kan kopen. Een zakkenvuller (bijvoorbeeld een bankier – nee echt, dat is maar een willekeurig voorbeeld) merkt er weinig van. Hij kon al kopen wat hij wilde, dus voor hem is 5% extra geld van veel minder (gevoels)waarde.

Die vriend van me die jarig was, die heeft al genoeg, dus die drie euro is voor hem een belediging. Sterker nog, al had ik hem 25 euro gegeven, hij had 'dankjewel' gezegd en het had hem niet verrast. Hij is veel blijer met een kaartje, omdat dat een uiting is van 'ik heb aan je gedacht, ik doe moeite voor je'...

Dat omaatje in Myanmar kan voor die 71 cent wellicht een dag normaal eten, wat ze zonder dat geld niet zou kunnen. Voor haar is die 71 cent onbetaalbaar. Die maakt haar zeker gelukkiger!

Meer voegt niet altijd iets toe. Een basketballer van 1,80 meter is gemiddeld veeeel beter dan een basketballer van 1,60 meter en een basketballer van 2 meter is gemiddeld weer wat beter dan een teamgenoot van 1,80 meter. Maar boven een lengte van 2,05 meter heeft een basketballer geen voordeel meer van z'n lengte. Zo werkt het ook met inkomen.

Mensen worden gelukkiger van meer geld zolang ze daarmee beter in hun basisbehoeften kunnen voorzien. Meer geld draagt bij aan meer geluk tot het punt dat je inkomen een kleine tweemaal modaal is – het punt waarop je gemiddeld vrij bent van financiële zorgen. Daarna zorgt een stijging van inkomen enkel nog voor iets meer tevredenheid, maar niet meer voor een hoger geluksgevoel.

Inkomen in euro's

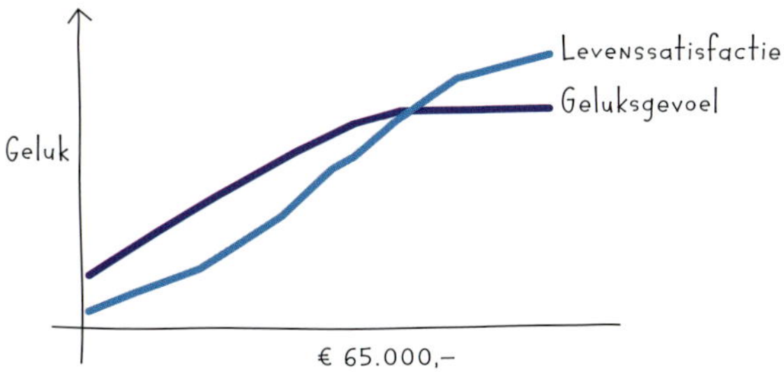

Bron: 'Doing good better' van William MacAskill

MONEY DOESN'T MAKE YOU HAPPY. I NOW HAVE 50 MILLION DOLLAR BUT I WAS JUST AS HAPPY WHEN I HAD 48 MILLION.
(ARNOLD SCHWARZENEGGER)

HOE RIJK ZIJN WE?

Stel, je behoort tot de allerrijksten der aarde, tot *the happy few.* Zou dat niet geweldig zijn?

Dat je bij de bovenlaag van rijke stinkerds zit, die het financieel het best hebben op deze aarde? Zal ik je wat vertellen? Grote kans dat jij al zo'n rijke stinkerd bent! Laten we eens een ruwe schatting maken.

Dan zetten we in een diagram de rijkste man op aarde – Bill Gates – bovenaan. Bill Gates heeft zo'n 75 miljard dollar. Hij heeft 7 miljard mensen onder zich die minder rijk zijn dan hij. En zo heeft een vrouw in Myanmar die NIET op de foto is geweest, en dus 0 cent van me kreeg, wellicht 7 miljard mensen boven zich die rijker zijn.

Hoe zit dat met ons Nederlanders? Een doorsneestudent in Nederland heeft ongeveer 1000 euro te besteden aan studiekosten, kleding, huur et cetera. Met dat bedrag behoort hij/zij tot de 11,5% rijkste mensen van de wereld. Oooow, dit had je wellicht niet verwacht. Wereldwijd gezien hoor je niet bij de onderlaag, maar bij de *wealthy rich*!

Een gemiddeld modaal inkomen is in Nederland zo'n 36.000 euro. Iemand die dat verdient en na belasting 24.000 euro netto overhoudt, behoort tot de 5% rijkste mensen ter wereld. En iemand die de balkenendenorm of meer verdient (Mark Rutte), hoort bij de 1% rijksten op deze aarde.

Inkomen per wereldbevolking

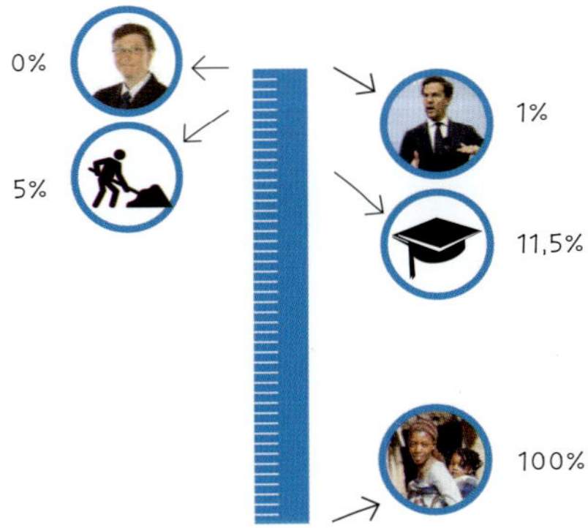

Bron: 'Doing good better' van William MacAskill

Als ik 100 euro heb in Myanmar, voel ik me miljonair. Maar heb ik diezelfde 100 euro in Blaricum, dan voel ik me een zwerver.

Als we dit nu eens beseffen... En dit elke avond tegen onszelf in de spiegel zeggen. Wat zou geld dan ineens voor invloed op ons geluk hebben?

HELEMAAL NIETS. Omdat wij in een maatschappij leven waar iedereen om ons heen net zo veel, of misschien wel meer, heeft.

Het stomme is alleen dat als we promotie maken en meer geld gaan verdienen dan al onze buren, dat we dan vaak ook weer gaan verhuizen naar een straat waar grotere huizen staan en waar we ineens niet meer de rijkste zijn. Hoe dom is dat! Dan blijf je jezelf omringen met mensen die meer en meer hebben! Je moet juist het tegenovergestelde gaan doen. 'Hee man, ik heb een geweldige promotie gemaakt en ben direct verhuisd!' 'O ja, mooie buurt?' 'Ja prachtig, flatje in de Bijlmer.'

Als je buren geen tuin hebben en jij wel, dan ben je blij. Maar als je buren zelfs een tuinMAN hebben, dan voel je je weer een sukkel. Laten we dus stoppen met vergelijken.

GEEN RAPPER IN DE SLOPPENWIJKEN

Ik heb geen slechte jeugd gehad, geen gescheiden ouders of onverwerkte trauma's. Maar als student had ik wel weinig te makken. Ik heb ook m'n weken gehad dat ik op maandag nog 2,50 in m'n hand had en dacht: 'Hmmmm... hoe ga ik de week doorkomen?' Dan kocht ik een pot appelstroop en een brood en dan bleek die week prima te zijn. M'n geluk werd er niet door beïnvloed.

Inmiddels behoor ik samen met veel Nederlanders tot de rijkste mensen op aarde. Als ik wil koop ik iedere dag honderd broden en vijfhonderd potten appelstroop en laat ik mezelf er helemaal mee insmeren en schoonlikken door een school vrouwelijke dolfijnen op de Seychellen. Maar ik kan niet zeggen dat ik me nu echt gelukkiger voel dan in m'n studententijd. Sommigen zeggen dan:

IF MONEY DOESN'T
MAKE YOU HAPPIER,
YOU AINT SPENDING
IT RIGHT!

Wanneer word je dan wel gelukkiger van je zuurverdiende centen? Ap Dijksterhuis, auteur van het boek *Op naar geluk* en hoogleraar aan de Radboud Universiteit Nijmegen, leerde me dat je ze het best kunt uitgeven op een van de drie onderstaande manieren.

1 - UITGEVEN AAN BELEVENISSEN

Het zal je niet verbazen dat geld uitgeven aan belevenissen je gelukkiger maakt dan geld uitgeven aan materiële zaken. Het idee erachter is dat herinneringen sterker zijn dan spullen.

Ook al geef je meer dan een jaarsalaris uit aan een nieuwe auto, je wordt er hooguit twee weken gelukkiger van. Het is een verandering van omstandigheden, die al snel weer went. BUBBELBADMOMENT!!!

Het is een veel beter idee om je geld uit te geven aan vakanties of uitjes. Een dagje Efteling is voor veel mensen heel duur, maar daarna heb je wel foto's en herinneringen die je je leven lang meedraagt. Deze vorm van qualitytime is, als je naar geluk kijkt, een veel interessantere investering dan bijvoorbeeld de aanschaf van een nieuwe telefoon.

M'n vriendin en ik zeggen nooit tegen elkaar: 'We moeten weer eens nieuwe spullen kopen.' Maar we zeggen wel vaak: 'We moeten nieuwe herinneringen blijven maken!' Mijn ex wilde juist altijd alleen maar spullen gaan kopen. En daarom is zij nu een herinnering.

Geluk is die herinnering waarvan je bij de gedachte al gaat glimlachen.

2 - TIJD KOPEN

Wat ook goed werkt, is tijd kopen. Als je zelf bijvoorbeeld een hekel hebt aan schoonmaken, dan word je daadwerkelijk gelukkiger van een hulp inschakelen. Zo kun jij in de tijd dat hij of zij je huis poetst, tijd besteden aan dingen die je wel gelukkig maken. Zoals 'het kijken naar iemand die jouw huis poetst'.

Of je kunt in dezelfde tijd lekker gaan sporten. Nu heb ik zelf soms echt helemaal geen zin om te gaan sporten. Dus heb ik iemand ingehuurd die voor mij gaat sporten. Dan kan ik in die tijd mooi in bed blijven liggen. Iets waar ik bijna altijd wel blij van word.

3 - WEGGEVEN AAN ANDEREN

De derde manier waarop je gelukkiger kunt worden van geld is als je het weggeeft aan anderen. Het is een gezapig ding om te zeggen: geven maakt gelukkiger. Maar het is wel echt bewezen.

Aan de universiteit van Brits Columbia hebben ze onderzoek gedaan. Daar hebben wetenschappers op een ochtend aan mensen gevraagd hoe gelukkig ze waren en ze daarna een envelop gegeven. In die enveloppen zaten verschillende opdrachten. Sommigen kregen een envelop met de boodschap: 'Besteed voor vanmiddag 17:00 uur dit geld aan jezelf'. Anderen kregen een envelop met de opdracht: 'Besteed voor vanmiddag 17:00 uur dit geld aan iemand anders'. In die enveloppen zat ook meteen het geld: soms 5, soms 20 dollar. 's Avonds werd diezelfde mensen gevraagd: 'Waaraan heb je het geld besteed en hoe gelukkig voel je je nu?' Wat bleek? Mensen die geld aan anderen hadden gegeven, waren gelukkiger. Bij mensen die geld aan zichzelf hadden uitgegeven, was er geen verschil. Ze waren niet mínder gelukkig, maar het deed ze gewoon weinig.

De crux is dus dat je het geld besteedt aan een ander. Dat feit schijnt zo belangrijk te zijn dat het eigenlijk niet uitmaakt of je voor vijf dollar een kop koffie voor iemand afrekent of een levensreddend medicijn voor iemand in Afrika doneert. Om gelukkig te worden is hóe je aan andere mensen geeft minder belangrijk dan het feit dát je aan andere mensen geeft.

IK WILDE VROEGER
MILJONAIR WORDEN,
NET ALS MIJN VADER.

DIE WILDE OOK
MILJONAIR WORDEN.

De eerste miljonair die ik leerde kennen in mijn leven, kwam weleens bij mijn ouders thuis. Ik was zestien en werkte in een cafetaria. Ik moest geld verdienen om elke week mijn brommer vol benzine te kunnen gooien, terwijl hij het al helemaal 'voor elkaar' had.

Ik zei tegen hem: 'Meneer, ik wil later ook miljonair worden. Wat moet ik dan doen?' Toen dacht ik: 'Nu krijg ik een heel verhaal over businessplannen, aandelen kopen, beleggen.' Toen zei hij: 'Guido, als jij miljonair wilt worden, moet je beginnen met het toiletpapier korter af te scheuren.' Ik vond dat een goed inzicht. Natuurlijk, je kunt meer geld verdienen, maar je kunt ook minder uitgeven. Hij had vijf van die dikke sportwagens, en zes, zeven panden. Wel was het zo dat zijn eigen zoon hem nooit meer wilde zien want 'papa was altijd aan het werk'. Sindsdien weet ik dat geld niet het belangrijkst is in het leven.

Misschien wordt het daarom een keer tijd dat wij – de écht rijken, maar dan ook écht rijken – niet ons vermogen vermeerderen, maar onze hebzucht verminderen (Plato). Er is genoeg, het is alleen niet goed verdeeld. In de ene helft van deze wereld hebben ze niks te vreten en in de andere helft weten ze van gekkigheid niet waar ze het geld aan moeten uitgeven. Of zoals Gandhi al zei:

**DE AARDE BIEDT GENOEG VOOR IEDERS BEHOEFTEN.
ALLEEN NIET GENOEG VOOR IEDERS HEBZUCHT.**

WERKEN AAN GELUK

Je hele onvolwassen leven en je schoolloopbaan zijn erop gericht je klaar te stomen voor de arbeidsmarkt. Mijn leraar waarschuwde me vroeger altijd: 'Guido, als je niet goed je huiswerk maakt, krijg je later nooit een normale fulltimebaan.' En hij kreeg gelijk! Gelukkig maar!

Per week zijn we gemiddeld 112 uur wakker, waarvan we ongeveer 40 uur aan het werk zijn. We besteden dus zo'n derde deel van ons wakkere leven aan werk. We werken 48 weken per jaar om vier weken te genieten. Dan kun je maar beter zorgen dat je leuk werk hebt toch?

RATRACE

Het leven trekt zo aan je voorbij en werk is daar een groot onderdeel van. Je zou denken dat mensen dus weloverwogen kiezen voor hun werk. Maar wat blijkt: als mensen op hun sterfbed wordt gevraagd waarvan ze in hun leven het meeste spijt hebben, dan staat op 2 (!!!) dat ze te veel gewerkt hebben. De meeste mensen hadden (achteraf) graag meer tijd doorgebracht met familie en vrienden, meer hun eigen koers willen varen en meer willen genieten. Niemand zegt op zijn sterfbed: 'Ik heb te weinig tijd doorgebracht in dat saaie, muffe kantoor.' Dus stel jezelf de vraag: 'Hoe belangrijk is werk in m'n leven?'

ALS JE VAN
JE HOBBY JE BEROEP
KUNT MAKEN,
HOEF JE
NOOIT MEER
TE WERKEN.

TNO en het Centraal Bureau voor de Statistiek (CBS) houden jaarlijks een enquête over arbeidsomstandigheden onder 46.000 werknemers, en daaruit blijkt dat 58,5% van de Nederlanders 'tevreden' is met het werk, 17,9% zelfs 'zeer tevreden'.

Mensen worden pas echt heel gelukkig van hun werk als er aan bepaalde basisbehoeften wordt voldaan. Het is fijn als je lol (plezier) hebt en goed met je collega's kunt opschieten (sociale verbinding), als je je eigen keuzes kunt maken (autonomie), iets bijdraagt aan de wereld of aan het leven van mensen (zingeving) en je talenten benut (competentie). In Nederland heeft 9% van de mensen dit soort werk. Eigenlijk zie je hierin alweer de theorie van Aristoteles terug. Weet je nog? The pleasant life, the good life en the meaningful life.

Ikzelf heb het geluk dat in m'n werk alle drie die factoren terugkomen. Ik ervaar veel leuke, korte, plezierige momenten. Ik kan genieten van een lachende zaal of een praatje na afloop. Daarnaast word ik voor m'n werk rijkelijk beloond. Dat verschaft me een bepaalde vorm van zekerheid en zorgeloosheid. En ook heb ik de arrogantie om te zeggen dat ik m'n werk zinvol vind. Ik hoop dat ik sommige mensen door m'n shows aan het denken zet, laat lachen, verwonder, verbaas – dat ik iets meegeef wat (hoe klein ook) een verschil maakt.

Ook beroepen waarvan je het wellicht niet op het eerste gezicht verwacht, hebben deze elementen in zich. Een loodgieter kan z'n beroep verschrikkelijk vinden en klagend ergens binnenkomen, iets met tegenzin fiksen, een factuur schrijven en weer weggaan. Maar hij kan ook een gezellig praatje maken met de klant (*pleasant life*), een gevulde koek mee naar z'n werk nemen (*pleasant life*), een factuur schrijven (*good life*) en ervan genieten dat de klant is geholpen met z'n afvoerputje (*meaningful life*).

Geluk is als je doucheputje (of dat van je klant) gewoon goed doorloopt.

Als de lootgieter bij een klant komt, is er een probleem. Als hij weggaat, is het weer opgelosd. Dan zijn ze allebei blij. Leuk werk heeft de lootgieter!

Werk kan naast geluk natuurlijk ook ongeluk brengen. Collega's maken je het leven zuur, je baan biedt je geen voldoening – of erger nog, het werk geeft je veel stress. In Nederland heeft een op de vijf mensen te veel stress op het werk, en zit een op de tien tegen een burn-out aan. Gemiddeld doet een mens er zes jaar over om daadwerkelijk die burn-out te pakken te hebben. Maar waarom zou je er zes jaar over doen om jezelf effectief te pletter te rennen, terwijl je ook in twee jaar naar de klote kunt gaan? Daarom heb ik wat goede tips voor iedereen die werkt. Want dat kan natuurlijk veel sneller.

Een succesvolle burn-out in een handomdraai:

- Ons brein heeft ongeveer vijftien minuten nodig om 'in een flow' te komen. Als je een kwartier lang bezig bent met één taak, ga je op een sneller en creatiever niveau functioneren. Maar dan moet je wel je iPhone uitzetten en dat is saai! Zorg dus vooral dat je tussendoor e-mails en WhatsAppberichten ontvangt en check om de vijf minuten je Facebook en Instagram. Want een flow is voor mensen die niet kunnen multitasken (eigenlijk alle mannen dus). Mensen werken gemiddeld drie minuten lang aan één taak. Maar dat kan dus nog korter!
- Eet achter de computer! Waarom zou je rust nemen door even ongestoord te lunchen? Gewoon doorwerken en achter de computer je broodje bal naar binnen werken. Of doe de volgende keer vier keer zoveel suiker in je koffie, dan kun je de hele lunch overslaan.
- Check ook thuis de mail van je werk! Het liefst voor het slapen gaan en bij het wakker worden. Of tussendoor als je 's nachts moet plassen.
- Denk in doemscenario's! Voordat je bezig gaat aan een taak of project, beeld je dan eerst in wat er allemaal fout zou kunnen gaan en wat voor enorme gevolgen dit kan hebben. Breng deze piekergedachten vooral 's nachts op gang, want dan heb je er het meeste profijt van. Het beste is om altijd van het ergste uit te gaan, dan kan het hooguit nog wat meevallen. Al zou ik daar maar niet op rekenen.

Het voordeel van een burn-out is dat je dan gaat nadenken over wat je werkelijk wilt. Dat is niet geheel onbelangrijk, want inmiddels werken we tot ons 67e. Maar wist je dat een op de vijf mensen de 67 niet haalt? Dan kun je dus maar beter van je werk gaan genieten in plaats van van je pensioen!

Neem je werk nooit mee naar huis, tenzij je bierbrouwer bent.

MET EEN BEETJE HULP VAN MIJN VRIENDEN

Uit alle onderzoeken blijkt telkens weer dat de gelukkigste mensen op deze planeet niet degenen zijn met het meeste geld, de hoogste status, de sterkste spieren, de grootste auto's of de meeste macht. Het zijn juist degenen met de meeste en waardevolste sociale contacten.

What would you think if I sang out of tune,
Would you stand up and walk out on me.
Lend me your ears and I'll sing you a song,
And I'll try not to sing out of key.

I get by with a little help from my friends,
I get high with a little help from my friends,
Going to try with a little help from my friends.

What do I do when my love is away.
(Does it worry you to be alone)
How do I feel by the end of the day
(Are you sad because you're on your own)

No I get by with a little help from my friends,
Do you need anybody,
I need somebody to love.
Could it be anybody
I want somebody to love.

Would you believe in a love at first sight,
Yes I'm certain that it happens all the time.
What do you see when you turn out the light,
I can't tell you, but I know it's mine.

Oh I get by with a little help from my friends,
Do you need anybody,
I just need somebody to love,
Could it be anybody,
I want somebody to love.

I get by with a little help from my friends,
Yes I get by with a little help from my friends,
With a little help from my friends.

Bron John Lennon & Paul McCartney

ECHTE NEPVRIENDEN

En dat is natuurlijk ook logisch. Vrienden zijn je veilige haven in een stormachtige oceaan. Met vrienden heb je en maak je herinneringen. Vrienden mogen alles van je weten. Bij hen ben je veilig en hoef je geen betere versie van jezelf te verkopen. Vrienden zijn onvoorwaardelijk. Ze geven rondjes in het café. Al betaal ikzelf meestal de biertjes voor m'n vrienden, maar dat maakt niet uit, want ik drink zelf toch weinig biertjes. Ik ben meestal de Bob. Ik had de laatste zeven keer wat pech met lootjes trekken.

Vrienden hebben vaak ook dezelfde humor. Neem bijvoorbeeld mijn oude schoolvrienden. Wat hebben we gelachen toen ze mijn schoenen hadden vastgelijmd aan m'n fietspedalen. Diezelfde vrienden vonden het ook heel grappig om m'n brilletje helemaal kapot te stampen. Nou was het niet zo'n duur brilletje, maar ik had het nog op! :-) Of die keer dat ze m'n das aan de trekhaak van hun Opel Ascona hadden vastgebonden. Hilarisch! Dit is natuurlijk niet op waarheid gestoeld hoor... Het was een Ford Escort.

Dat sociale contacten zo'n grote invloed hebben op geluk, blijkt onder andere uit het 'Harvard-onderzoek'. Bij dit onderzoek zijn 75 jaar lang (dat is al vanaf het zwart-wittijdperk!) 724 mannen tijdens hun leven gevolgd met vragen over hun werk, hun huiselijk leven en hun gezondheid. De duidelijkste boodschap uit dit 75-jarig onderzoek is: goede relaties houden ons gelukkiger en gezonder. De mensen die op hun vijftigste het meest tevreden waren over hun relaties, bleken op hun tachtigste gezonder te zijn dan anderen (Robert Waldinger: psychiater, psychoanalyst).

De Engelse hoogleraar Richard Tunney ondervroeg meer dan 1700 mensen over de tevredenheid over hun leven en hun aantal vrienden. Daaruit bleek dat degenen met vijf of minder goede vrienden slechts 40% kans hebben om gelukkig te zijn. Vanaf tien goede vrienden stijgt je kans op geluk. Diezelfde meneer Tunney kwam tot meer conclusies:

- Mensen die heel tevreden zijn over hun leven, hebben twee keer zo veel vrienden als ongelukkige personen.
- Vrouwen hebben minder vrienden dan mannen, maar hun vriendschappen zijn wel hechter.
- Jeugdvrienden maken je niet gelukkiger dan mensen met wie je pas later bevriend raakt.
- Vrouwen zijn het gelukkigst als ze 33 goede vrienden hebben, bij mannen is dat 49.

EEN GOEDE VRIEND IS BETER DAN EEN VERRE BUUR...

Behalve om het aantal vrienden draait het natuurlijk ook om de kwaliteit van je relaties. Een weekendje weg met vier oude schoolvrienden kan je gelukkiger maken dan 712 Facebookvrienden. Alleen maar foto's liken is niet echt een teken van vriendschap (al zorgt het wel voor een kortstondig geluksmoment). Echte aandacht is niet te vangen in een 'klik' op een duimpje. Tijd en energie voor elkaar lijkt het toverwoord, evenals fysieke ontmoeting. Maak je vriendschappen en relaties waardevoller.

'Ja Guido, dit wist ik al,' zo hoor ik je denken. En ja, natuurlijk is het een open deur. Nou, doe er dan ook wat mee!

1. Zeg niet die afspraak met je beste vriend af, maar verkoop de volgende keer eens 'nee' aan je baas als hij je vraagt om over te werken. Want van overwerken word je niet gelukkiger.

2. Als je dan eindelijk vrije tijd hebt, vervang 'schermtijd' dan eens door 'mensentijd'. Net zoals met m'n werk in het theater zou ik willen zeggen: 'Live is altijd leuker dan op een scherm!' (Behalve bij Madonna, die schijnt in het echt heel erg tegen te vallen. Uitzonderingen houd je altijd.) Hoelang is het geleden dat je spontaan ineens een vriend opzocht zonder weken van tevoren af te spreken?

3. En vergeet dicht bij huis niet dat je ook nog een partner hebt. Blijf samen herinneringen maken, onderneem nieuwe dingen en ervaar het onbekende. Een vriendin van me heeft samen met haar vriend briefjes met 'dagbestedingen' in een pot gestopt. Van 'een rondvaart in Amsterdam' of 'die ene film nog samen kijken' tot 'bij iemand aanbellen en hun hond uitlaten' of 'samen een snowboard huren'. Ze weten van elkaar niet wat ze hebben opgeschreven en om de zoveel tijd grabbelen ze een opdracht eruit om dat dan ook daadwerkelijk die dag te gaan doen. Altijd verrassend.

4. Neem gewoon weer eens contact op met dat familielid of die oude vriend die je al jaren niet meer hebt gesproken. Waarom niet?

5. Blijf altijd openstaan voor nieuwe mensen die je leven kunnen verrijken. Het maakt qua geluk namelijk niet uit hoelang een vriendschap al bestaat. En gelukkige mensen blijven hun leven lang nieuwe mensen ontmoeten. Ook hier blijft natuurlijk wel de vraag of het verband causaal is. Of we 'vrienden maken omdat we gelukkig zijn' of dat 'vrienden ons gelukkig maken'.

JIJ BENT EEN ECHTE VRIEND, JIJ ZEGT TENMINSTE IETS TERUG...
JIJ BENT EEN ECHTE VRIEND, JIJ ZEGT TENMINSTE IETS TERUG

DE MOOISTE DAG VAN JE LEVEN IS NIET DE GELUKKIGSTE

Ben je ervan overtuigd dat trouwen gelukkiger maakt? Dat klopt! Op de dag van de bruiloft is er een opperste staat van geluk. Die dag is een ultiem feest der liefde. Maar dat gevoel blijft niet. Het is geen permanente staat van geluk, het is een verandering van omstandigheden. Het leven gaat door en je hersenen worden in een paar weken/maanden weer gereset. Bubbelbadmoment!

JA, IK WIL... GELUKKIG ZIJN

Laatst las ik op nu.nl een onderzoek met de kop: *Getrouwde stellen zijn ongelukkiger*. 'Zie je wel,' dacht ik als niet-getrouwde man, 'ik doe het goed!' Later las ik weer een kop van een ander onderzoek, die zei: *Getrouwde mensen zijn gelukkiger.* Nu snapte ik er helemaal niets meer van. Totdat ik verder op onderzoek uit ging. Zo blijken getrouwde stellen *gelukkiger* (dan niet-getrouwde stellen) maar *ongelukkiger* (dan voordat ze trouwden). Kwestie van een zinnetje verder lezen...

Zo blijkt dan ook dat gelukkige mensen vaker trouwen dan niet-gelukkige mensen. Gelukkige mensen hebben vaak meer sociale contacten, dus vinden ze sneller een partner. Ze staan steviger in het leven en durven ergens voor te gaan. Wel is het zo dat mensen na het trouwen (drie jaar na dato) ongelukkiger zijn dan voor het trouwen.

Onderzoek wijst uit dat getrouwde mensen langer leven. Maar volgens mij is dat niet echt zo... het lijkt alleen langer!

Het huwelijk is natuurlijk ook geen garantie voor geluk. Vroeger trouwde je voor je hele leven. Dan vroeg de ambtenaar van de burgerlijke stand iets als: 'Neemt gij [vul naam in] tot uw wettige echtgenoot en belooft gij trouw... *bla bla bla*... tot de dood u scheidt?' Maar sinds bijna de helft van alle huwelijken in een echtscheiding eindigt, kunnen we wellicht beter trouw beloven voor een jaar of twee. Dat je zeg maar een soort telefoonabonnement afsluit. Veel langer dan dat lijken contracten vaak niet te werken.

Maar serieus, dat is een goed idee toch?

JA, IK WIL... SCHEIDEN

48% van de huwelijken strandt. Oké, in Amerika dan, maar Nederland is hard op weg om deze cijfers te evenaren. Dit hoge percentage komt vooral door het extreem hoge aantal scheidingen bij lager opgeleiden en mensen die trouwen voor hun 25e. Als je een hoogopgeleide vrouw bent en je trouwt na je 30e, dan is de kans 80% dat je huwelijk daadwerkelijk voor altijd is.

Voor de liefde geldt altijd dat in het verleden behaalde resultaten geen garantie voor de toekomst bieden. Er kan altijd een scheve schaats worden gereden, buiten het potje worden gepist, een kaars uitdoven, een koek opraken, een gevoel een dopje dat niet op de tandpasta zit, haren in het doucheputje...

wegebben, een financiële kwestie optreden, een gevoel voor iemand anders ontstaan, een seksuele voorkeur veranderen, een collega aantrekkelijk worden, een ex voorbijkomen, een onverwerkt oorlogstrauma zijn, een kat... Als je wilt scheiden, dan vind je altijd wel een reden.

Natuurlijk is het moment van scheiden niet fijn. Maar uit onderzoek blijkt dat de scheiding zelf niet het vervelendste moment in de relatie is. Het minst gelukkig zijn koppels iets meer dan een jaar voor de scheiding. Dan vliegen de kopjes en schoteltjes door de keuken. Totdat de scheiding voor beide partijen definitief is. Na de scheiding kruipt het geluksniveau weer langzaam omhoog. Dus hoe vervelend en klote die periode ook is, het wordt elke dag weer licht.

Er is in de liefde maar één ding erger dan scheiden en dat is ongelukkig bij elkaar blijven.

Sommige mensen gaan niet scheiden, omdat ze 'alleen zijn' erger vinden dan samen ongelukkig zijn. Die zijn niet onafhankelijk. Die zijn meer als een C'tje, die zijn niet compleet. Geen O waarbij het cirkeltje rond is, zeg maar. Hoe komt dat? Veel mensen krijgen op hun zeventiende of achttiende verkering. Op die leeftijd is vrijwel iedereen nog een C'tje. Als ze dan iemand tegenkomen die ook een C'tje is, maar tegenovergesteld, dan zijn ze samen een gesloten cirkel. En dan denken ze: 'Wauw, samen zijn we compleet. Samen kunnen we de hele wereld aan. Samen is ons cirkeltje rond.' Na zes jaar gaat de relatie voorbij en dan komen die twee mensen er onafhankelijk van elkaar achter dat ze gewoon aan elkaar zijn blijven hangen, maar dat ze zich onafhankelijk van elkaar niet ontwikkeld hebben. Dat ze beiden nog steeds een C'tje zijn. En dan gaan ze vaak opnieuw op zoek naar iemand die dat cirkeltje weer rond maakt.

Lieve lezer, ik heb geen zin om voor iemand anders het cirkeltje rond te maken. Ik kom veel liever iemand tegen die weet wie ze is – die al een O is. Want twee O's die in elkaar haken, zoals twee trouwringen, lijken me een gezondere basis voor een relatie dan niet zonder elkaar kunnen. Probeer dus vooral gelukkig te zijn met jezelf. En trouw niet met iemand die zijn of haar eigen eenzaamheid probeert op te lossen door bij jou te zijn.

DE ELLENDE BEGINT BIJ EEN KIND

Het is een ongemakkelijke waarheid, maar als ik tijdens mijn masterclass aan de zaal vraag: 'Wie heeft er kinderen?' gaan er meer vingers de lucht in dan wanneer ik vraag: 'Wie denkt dat kinderen krijgen gelukkiger maakt?'. En ook uit de statistieken blijkt dat mensen met kinderen na een tijdje juist minder gelukkig worden.

Kinderen zijn voor veel mensen waarschijnlijk het grootste geschenk dat ze ooit zullen krijgen in het leven! Niets anders kan je zo extreem blij maken. Als ze ineens naar je lachen, je naam noemen, hun eerste stapjes zetten, hun zwemdiploma halen of tegen je aan kruipen... je kind zal op veel momenten je grootste geluk zijn.

Maar daartegenover staat ook het geluk dat je ervoor moet inleveren. Hoe je het ook wendt of keert, met kinderen in een gezin heb je veel minder tijd of aandacht voor andere dingen die jou voorheen ook gelukkig maakten. Vanaf de geboorte van je zoon of dochter ben jij, of is je partner, niet meer de belangrijkste persoon op deze aarde. Je kind gaat nu voor alles. Dus minder tijd om te sporten, minder tijd om met je vrienden uit eten te gaan, minder tijd om te slapen, minder energie om je 100% in te zetten voor je werk en/of je relatie, geen tijd voor die boswandeling en ook geen rust om dat boek te lezen. En o ja, jezelf op de Seychellen laten insmeren met appelstroop kan je ook wel vergeten. Want je kinderen eisen aandacht, energie en tijd. Wie had het ooit bedacht?

Deze grafiek is een weergave van vier verschillende onderzoeken over geluk in relaties, voor en na het krijgen van kinderen. Zoals je in je relatie wat inlevert aan geluk, doe je dat ook bij je werk, je sociale contacten enzovoort.

Geluk in je relatie - het krijgen van kinderen

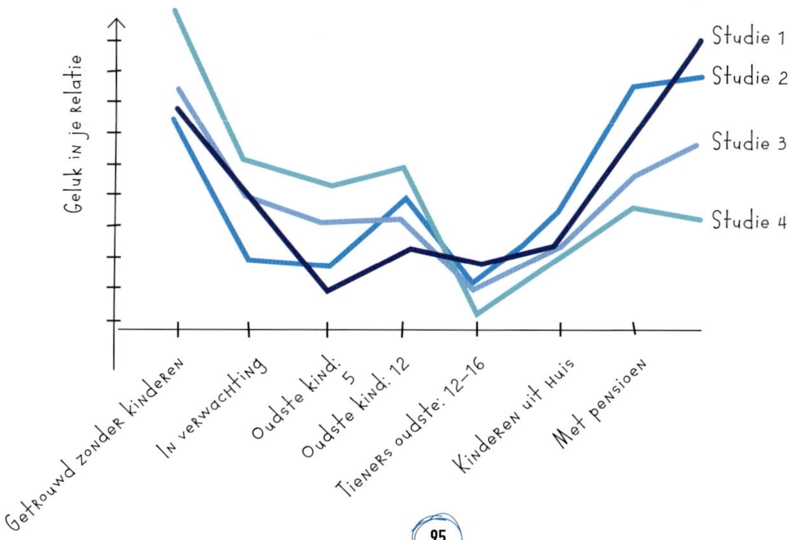

In onze maatschappij is het niet de bedoeling dat je over je kinderen klaagt. Er lijkt een soort sociale controle plaats te vinden als jonge ouders over hun kinderen beginnen. Ze vertellen daardoor vaak alleen de leuke dingen. Ook op Facebook zie ik veel 'eerste stapjes' en 'gezellig samen pannenkoeken bakken'. Ik zie verdraaid weinig poepluiers en slapeloze nachten. We doen massaal alsof het allemaal geweldig is. Als iemand zegt: 'We zijn zwanger!', zeggen we doorgaans: 'Wauw, wat heerlijk voor jullie. Gefeliciteerd hoor, echt een wonder! Geniet er maar van. Het is het mooiste wat je kan overkomen!'

Maar als we datzelfde stel twee weken na de bevalling weer tegenkomen, is de kans groot dat ze beiden gesloopt zijn en dikke wallen onder hun ogen hebben van het slaaptekort en de stress 'of ze het allemaal wel goed doen'. En dan zeggen de mensen om hen heen ineens: 'Ja, dat hadden wij ook, een huilbaby, echt verschrikkelijk! Nou wen er maar aan, want dat kan zomaar anderhalf jaar duren!' Waarom zijn we niet al tijdens de zwangerschap eerlijk en zeggen we: 'Zijn jullie zwanger? O, nou sterkte hoor. Het is heel leuk, maar ook heel zwaar!'

HET HEBBEN VAN
KINDEREN IS SOMS
HEEL ZWAAR.

MAAR JE KRIJGT
ER OOK HEEL
VEEL VOOR TERUG:
KINDERBIJSLAG!

Ik heb zelf nog geen kinderen. Dat heeft niets te maken met afkeer, angst of wat dan ook. Ik houd zielsveel van m'n neefjes en van de kinderen van vrienden. Maar ik besef ook dat vrijheid en autonomie veel geluk aan m'n leven toevoegen. Het feit dat ik zonder concessies kan slapen of sporten wanneer ik wil, uit eten kan met vrienden als het me uitkomt en met m'n vriendin naar het buitenland kan als we even vrij zijn, zonder het te hoeven afstemmen op kinderen, zorgt er op dit moment voor dat m'n hoofd niet per se vraagt om nakomelingen. Daarnaast vind ik het begin van het productieproces nog steeds interessanter dan het feit dat er straks een klein Guidootje of Guidolientje zou zijn. Nog geen biologische klok, zeg maar.

Kinderen krijgen lijkt heel leuk!

In Amerika was halverwege de jaren zeventig iets meer dan een derde van de vrouwen kinderloos. Dit steeg naar 50% rond 2010. Hoe welvarender mensen zijn, hoe minder nakomelingen ze krijgen. In bijvoorbeeld Afrika is de noodzaak van het krijgen van kinderen een stuk groter dan in het westen. Of zou het te maken hebben met het feit dat we intussen wel weten dat kinderen niet gelukkiger maken en we geluk tegenwoordig soms net zo belangrijk vinden als toegeven aan een biologische klok?

Als het gaat om redenen om kinderen te nemen, schijnen vooral veel vrouwen aan te geven dat ze bang zijn op latere leeftijd eenzaam te worden. Uit recent onderzoek blijkt echter dat oude vrouwen zonder kinderen niet eenzamer of minder gelukkig zijn dan oude vrouwen met kinderen. Sterker nog, die dames hebben vaak een heel sterk sociaal netwerk opgebouwd. Daar hadden ze natuurlijk ook alle tijd voor, want ze hadden toch geen kinderen.

Moeten we dan maar geen kinderen krijgen? Dat hoor je mij natuurlijk niet zeggen. Zoals gezegd is in mijn ogen ons primaire doel hier op aarde 'overleven en ons voortplanten', dus dan snap ik best dat mensen kinderen willen krijgen. Dat zit 'in ons'. En natuurlijk smelten we allemaal als ons zoontje of dochtertje na een ochtend huilen, treiteren en slapeloosheid ineens uit het niets zegt: 'Ik hou van je, papa!' (Of mama.) Alleen dat we er per definitie gelukkiger van worden, wordt door alle onderzoeken tegengesproken. Ook al worden we van onze kinderen op bepaalde momenten intens gelukkig, we zullen daarnaast moeten accepteren dat we op andere momenten in ons leven wat geluk inleveren.

Het zijn dus niet per se kinderen die ongelukkiger maken, maar het ligt aan datgene wat je ervoor moet opgeven. Want kinderen zelf blijven je natuurlijk verbazen en verwonderen, en kunnen zorgen voor prachtige inzichten en geluksmomenten.

IK ZIE, IK ZIE WAT JIJ NIET ZIET...

Zo moest ik ooit foto's laten maken van m'n stembanden. Ik zat in een lange, stille gang van het ziekenhuis te wachten op een radioloog. En in die gang zaten zes volwassenen naar vier deuren te staren. De enige die op dat moment naar buiten keek, was een jongetje van een jaar of vier, achterstevoren bij moeder op schoot. En ineens hoor ik, in die lange, stille gang: 'Ik zie, ik zie wat jij niet ziet en het is... rood!'

Waarop zijn moeder – volwassen, dus met schaamte – zegt: 'Nou ehm, de jas van die man.' 'Ja!' roept het kind.

'Nou, we zullen zo wel aan de beurt zijn, hè.' De moeder probeert het enthousiasme wat te temperen, maar het kind gaat verder...

'Ik zie, ik zie wat jij niet ziet en het is... blauw!'

Intussen zie ik een andere volwassene en de moeder allebei naar buiten kijken. Ik betrap mezelf erop dat ik ook stiekem blauwe dingen probeer te zoeken. De moeder gaat verder: 'De mast van die vlag.' 'Nee!' 'De broek van die man daarnaast.' 'Nee!' 'De lamp op die ambulance.' 'Nee!' De moeder kijkt het jongetje aan en zegt: 'Dan weet ik het niet, hoor.' En dat kind kijkt haar aan, niet wetend dat het daarna een van de mooiste dingen zou zeggen die ik ooit heb gehoord. 'De lucht, mama, de lucht!'

Daar zitten dan zes volwassen mensen met hun rug naar het raam. Hoe stom is dat al! En dan blijken wij ook nog eens niet te beseffen dat de lucht gewoon blauw is die dag. De enige die ziet en ziet wat wij niet zien, is dat jongetje.

Dat kind daar maakte me zielsgelukkig. Een ultiem geluksmomentje tijdens het wachten in het ziekenhuis. Al was ik ook erg blij dat het niet mijn kind was.

GELOOF IN GELUK

Goed nieuws voor alle refo's, aanhangers van Allah en reli-gekkies. Religieuze mensen lijken gelukkiger! Ze geven zichzelf vaak een hoog cijfer. Dat heeft niet zozeer te maken met een God of met het geloof zelf, maar met de rituelen, de sociale relaties en het gevoel van verbondenheid dat een leven als kerkganger oproept.

In christelijke religies is 'iets voor elkaar doen' bijvoorbeeld een opdracht. Dat draagt (ook zonder religieuze achtergrond) bij aan geluk. Ten eerste omdat je anderen helpt, en daarvan word je zelf gelukkiger. Maar ook omdat iedereen op die manier kan zien dat je goed bezig bent. Kijk mij eens deugdzaam zijn!

Elkaar helpen, elkaar met regelmaat zien (elke zondag), bewust deugdzaam en dankbaar zijn: het kan ook allemaal zonder het geloof in een God. Maar religie zorgt voor een paraplu waaronder deze zaken worden gestuurd. Van boven of uit een boek.

IN DE NAAM VAN ...

Uit onderzoek blijkt dat bidden een positief effect kan hebben op pijnvermindering. Aan zowel religieuze als niet-religieuze proefpersonen werd gevraagd om te bidden terwijl ze pijnprikkels kregen toegediend. En alleen bij religieuze mensen leidde dat tot minder pijn.

Dat religieuze mensen minder pijn ervoeren, lag ook aan het feit dat zij minder pijn verwachtten. Eigenlijk een soort placebo-effect, waarbij enkel de verwachting dat je minder pijn zal lijden er ook daadwerkelijk toe kan leiden dat je minder pijn ervaart. Het blijkt ook echt zo te zijn dat in de hersenen bepaalde stoffen worden aangemaakt die pijn verminderen en die ertoe leiden dat bidden dus niet alleen een psychologisch effect, maar ook echt een lichamelijk effect teweeg kan brengen.

GELOOF MET MATE

Ook een lichte vorm van orthodoxie of fundamentalisme is goed voor je geluk. Dat brengt structuur. Je weet wat je te doen staat en je neemt antwoorden op vragen waar je mee rondloopt aan. Daardoor heb je wellicht minder piekergedachten, omdat je 'gelooft in de antwoorden' die de kerk of een gemeenschap je biedt. Dan geeft het geloof je geluk.

Maar op het moment dat het systeem zo gesloten wordt dat het eigenlijk alleen nog maar een systeem is van geboden en verboden, of een stelsel van overtuigingen die je in z'n geheel moet slikken omdat anders de hel dreigt, kunnen mensen zich niet meer ontwikkelen en worden ze er niet gelukkiger van.

Het is dus goed om geloof als een houvast of als troost te gebruiken. Maar zodra mensen niet meer zelf nadenken en uit angst het geloof blind volgen, wordt het een ander verhaal. En dat is helaas nog vaak het geval.

GELOVEN EN
VOLGEN SCHEELT
MAAR 1 LETTER.

EN GUIDO EN
GOD 2.

I
YOU!
Like
CURAÇAO
F73-60

DEEL 4: **VAN MAKKELIJK PRATEN NAAR MAKKELIJK DOEN**

Ooit schreef de Nederlandse schrijver en dichter Willem Elsschot: 'Tussen droom en daad staan wetten in de weg en praktische bezwaren.' Ooit zei een begenadigd cabaretier: 'Als iets je in de weg staat, trap het dan aan de kant of ga eromheen!'

Uit de nieuwste studies blijkt dat het verschil in geluksgevoel voor ongeveer 36 tot 40% is aangeboren. Van die genetische aanleg mag je je ouders keihard de schuld geven. Ongeveer 10% is afhankelijk van je leefomstandigheden. En – en dat is vooral interessant – een heel groot deel (50%) wordt bepaald door 'wat je doet en denkt'. Door je mindset dus. Voor sommigen is het glas halfvol, voor anderen is het halfleeg.

Ik ben altijd blij in m'n eendje
(en tijdens vakanties op Curaçao ;-)).

Je kunt denken: 'Ik heb geen werk.' Maar je kunt ook denken: 'Ik heb lekker veel vrije dagen!'

Je kunt denken: 'Ik kan niet meer lopen.' Maar je kunt ook denken: 'Ik word lekker geduwd en ik heb overal een gratis parkeerplek.'

Je kunt denken: 'Ik heb maatschappelijk gefaald en val overal buiten de boot.' Maar je kunt ook denken: 'Ik ben wel mooi lifecoach.'

Die mindset kun je zelf beïnvloeden. Tenzij bij jou het glas zo leeg is dat je er al helemaal niet meer in gelooft. Voor iedereen die z'n hersenen wil trainen en z'n geluk wil vergroten, zijn er in dit vierde deel wat simpele tips en tricks.

WEES GEEN JANKERD: OMARM GOEDE EN SLECHTE MOMENTEN

Natuurlijk komen er tijdens je leven dingen op je pad die je niet bevallen. Je auto start niet, er valt iemand weg uit je vriendenkring, het toiletpapier is onverwachts op, je lief maakt het uit, het regent, je gezondheid zit tegen, je moet meer werken dan gehoopt. Soms word je verrast met mooie en soms met vervelende zaken. De ouderwetse gedachte dat je dan niet moet zeuren en dat het leven doorgaat, heeft plaatsgemaakt voor een praatgroepcultuur waarin iedereen elke ervaring kan aangrijpen om in therapie te gaan. Ik pleit ervoor om tegenslagen iets vaker gewoon te zien als een onderdeel van het leven en ze iets vaker gewoon te accepteren. Dat hoort bij het totaalpakket aan ervaringen. *So be it!* Wen er maar aan. Wees geen jankerd, maar omarm wat het leven voor je in petto heeft!

Relatieproblemen, een te hoge werkdruk, sterfgevallen binnen de familie. Ik ken maar weinig mensen die er niet mee in aanraking komen. Je bent niet de enige. Je mag er verdriet om hebben, en goed ook, maar blijf er niet in hangen. Word geen slachtoffer. Toen mijn grootouders overleden, was ik natuurlijk ook verdrietig. In mijn optiek zag ik ze nooit meer en dat vond ik jammer. Maar het is ook een *fact of life* dat oudere mensen (meestal) eerder overlijden dan kinderen. Dan denk ik aan wat m'n oud-leraar Van Veenendaal ooit zei: 'Het is nog erger als je op het lint van een grafkrans ziet staan: "Rust zacht, kleinzoon. Liefs, opa en oma".'

Zo zeg ik ook soms tegen mensen die na tien jaar de scheiding van hun ouders nog niet hebben verwerkt: 'Weet je wat nog erger is dan scheiden? Ongelukkig bij elkaar blijven!'

WIE KIJKT NAAR HET VERLEDEN, STAAT MET DE RUG NAAR DE TOEKOMST. (BALINEES GEZEGDE)

Laat het een troost zijn dat je brein ook in slechte tijden dat bubbelbadmoment creëert. Je 'went' eraan en dat is maar goed ook! Vertrouw er maar op dat je systeem – al kost het soms tijd – erop is gericht om weer terug te veren. Dus accepteer het als het soms wat minder gaat. Omarm ook de momenten van verdriet. Je kunt nu eenmaal niet alleen maar inademen. Je kunt op de fiets niet altijd alleen maar wind mee hebben. Je kunt niet alleen maar droge scheten hebben. Soms zit het mee, soms zit het tegen...

TEL JE ZEGENINGEN

Toen m'n vriendin en ik afgelopen jaar op een eiland in Myanmar waren, ontmoetten we een vijftienjarig Birmees meisje, dat ons bij haar tante thuis uitnodigde. Ze liet ons met een bootje het eiland liet zien en toonde ons waar haar huis had gestaan. Dat was namelijk een paar jaar daarvoor door een tsunami weggevaagd, net als de rest van het dorp. Een maand later ontmoetten we in Kaapstad Tom Mozes, een Zuid-Afrikaan die vertelde dat hij twaalf jaar gevangen had gezeten op Robbeneiland, tegelijk met Nelson Mandela. Hij vertelde over hoe de gevangenen impotent werden gemaakt met gif in hun voedsel, over hoe bewakers over ze heen plasten en ze vernederden. Ik was in 2009 in Afghanistan op bezoek bij 'onze troepen'. Ik mocht daar optreden om onze jongens en meiden een hart onder de riem te steken. Twee uur voor m'n show sloegen er twee raketten in op het kamp. Tweehonderd meter verderop kwamen vier Roemenen om...

Wij hebben hier geen last van tsunami's of oorlogen en worden niet door bewakers vernederd. Wij dobberen niet met gevaar voor eigen leven in een bootje, in de hoop levend Europa te bereiken. Gisteren had ik thuis wel supertrage wifi, maar dat was het dan ook wel. Blijf dus niet hangen in alle ellende. Vergeleken met 90% van de mensen op deze wereld hebben wij het, ondanks alle verdriet, hartstikke goed!

Wij wonen in een van de rijkste landen ter wereld. Ik moet vaak denken aan kinderen in Afrika. En dan bedoel ik die kinderen met vliegjes rond hun ogen en van die opgezwollen hongerbuikjes. Wat zeggen zij tegen elkaar, in die brandende hitte?

Wij leven in een vrij land, met relatief weinig corruptie, waar het meeste netjes geregeld is. We hebben stromend water, dat ook nog warm is als wij dat willen. We hebben te eten, te drinken, internet, mobiele telefoons en we kunnen, als we dat willen, connecten met onze vrienden! Op het gevaar af om als een soort dominee te klinken, durf ik het toch hardop te zeggen. We zijn echt gezegend met de omstandigheden waarin we leven! Dus niet zo azijnzeiken!

WIE NIET TEVREDEN IS MET WAT HIJ HEEFT, ZAL OOK NIET TEVREDEN ZIJN MET WAT HIJ KRIJGT. (SOCRATES)

STOP MET VERGELIJKEN

Op social media lijkt iedereen een topleven te hebben. Op Facebook zie ik elke dag foto's van borden met lekker eten gepost worden. Maar nooit zie ik hoe dat eten wordt uitgepoept (laat dit overigens ook geen aanzet daartoe zijn). Dames showen stralend hun mooie nieuwe jurkje op Instagram, maar ze showen niet dat jurkje van vorig jaar, omdat dat inmiddels te klein is. Daarin komen de extra

HEB JE GEHOORD VAN DIE RECESSIE IN NEDERLAND? DE ECONOMIE IS AL TWEE KWARTALEN NIET GEGROEID!
JA, AFSCHUWELIJK HE! ER ZIJN ZELFS MENSEN DIE GEEN NIEUWE IPHONE KUNNEN KOPEN!

kilo's net iets minder flatteus uit. Mannen posten hun foto's vanuit de sportschool, maar de foto's van de dagen dat ze die discipline niet kunnen opbrengen en ze als een zoutzak met een grote zak chips op de bank hangen, staan niet online. Al is het feestje nog zo saai, als we een selfie maken gaat iedereen een paar seconden in 'party-stand' staan en suggereert de foto dat het feest 'dwars door het geluid' was.

Iedereen verkoopt de beste versie van zichzelf. Op Facebook, LinkedIn, Snapchat of Instagram. En waarom ook niet, social media is er enorm geschikt voor. Zolang we maar niet gaan denken dat de werkelijkheid zonder filters er net zo uitziet.

Typisch een probleempje van nu.

Je kent het wel, van die perfecte mensen die alles mee hebben. Ze lijken slim, zien er goed uit, zijn fysiek topfit, hebben een baan die bij ze past. Alles lijkt perfect. Maar neem van mij aan: ook Jan Kooijman, Katja Schuurman, Matthijs van Nieuwkerk en Mark Rutte hebben hun onzekerheden en zijn op hun beurt jaloers op eigenschappen van andere mensen.

De backpacker zonder geld vergelijkt zich met de voorbijganger op de fiets die wel het geld heeft om nieuwe kleding te kopen. De voorbijganger op de fiets vergelijkt zich met z'n tante die veel beter kan schilderen dan hij. Die tante kijkt op tegen een oom die leraar is en altijd slim overkomt. Die leraar zou willen dat hij weer zestien was, net als z'n leerlingen. Die leerlingen zouden graag het leven van Justin Bieber willen leiden. Justin Bieber zou af en toe weer dezelfde vrijheid willen hebben als de backpacker die zonder zorgen de wereld bereist. Zo is bijna niemand 100% tevreden en heeft iedereen dromen.

HET GRAS
IS ALTIJD GROENER
BIJ DE BUREN,
TENZIJ JE DAT
VAN JEZELF GOED
ONDERHOUDT.

Het enige wat je kunt doen is het beste maken van je eigen leven. Dus vergelijk jezelf niet met anderen. Er zullen altijd grotere en kleinere mensen zijn dan jezelf. Kijk liever naar wie je zelf bent en werk daaraan of wees daar blij mee.

STA AF EN TOE EENS STIL EN SCHRIJF

Omdat we tijdens ons leven steeds harder rennen, hebben we als tegenhanger hiervan ook meer rust nodig. Daarom verkopen yoga en meditatiecursussen zo goed. Maar tijd nemen voor jezelf, ademhalen en reflecteren kun je natuurlijk ook prima zelf.

Volgens mij is een sleutel tot geluk soms gewoon stilstaan. Niet denken aan morgen, harder, méér, sneller, beter. Alleen maar in het hier en nu zijn. En daarvoor hoef je niet naar een dure meditatiecursus. Dat kan natuurlijk ook prima thuis. Zolang je maar even de tijd neemt om 'echt' met jezelf te zijn.

Om mezelf tegen een burn-out te beschermen, doe ik elke avond tien minuten lang helemaal niks. Gordijnen dicht, telefoon uit, tv uit. Tien minuten lang stilte. Tien minuten lang zitten met een mooi glas rode wijn en tien minuten lang alleen maar denken: 'Ben ik blij met wat ik vandaag deed? Ben ik blij met wat ik morgen ga doen?' Als het antwoord 'ja' is, kan ik tien minuten lang genieten van een mooi glas rode wijn. En als het antwoord 'nee' is, kan ik tien minuten lang bedenken wat ik er eens aan zal gaan doen. En dat kan ik dan de dag erop al veranderen (of niet).

Mag zo'n moment van reflectie ook vaker? Natuurlijk mag dat. Ikzelf heb wel eens periodes in m'n leven gehad dat ik vijf keer per dag of meer even ging onthaasten. Totdat de slijter op de hoek me aansprak met: 'Goedemorgen meneer Weijers, weer hetzelfde als gisteren?' Toen leek het me tijd om maat te houden. Maar dat neemt niet weg dat het raadzaam is om vaste tijden van reflectie in te bouwen.

Vroeger zaten we een uur per week in een kerk in stilte te overpeinzen 'waar we nu eigenlijk in godsnaam mee bezig waren'. Maar tegenwoordig geeft de wetenschap ons steeds meer antwoorden. Steeds minder mensen geloven. En daarmee zijn ook die momenten van stilte verdwenen, waar we toch soms behoefte aan hebben. Dus neem gewoon tien minuten voordat je gaat slapen even de tijd om niets te mogen doen van jezelf.

Wat ook werkt is een geluksdagboek bijhouden – niet heel pretentieus, maar gewoon elke dag drie dingen opschrijven die je blij hebben gemaakt. Dat kunnen kleine dingen zijn: de zon die doorbreekt, drie keer met z'n tweeën lekker uitgebreid in bad gaan, een vers kopje thee... Zoiets simpels kan je levensgeluk al vergroten, ook als je slecht in je vel zit. Uit onderzoek blijkt dat mensen die dit twee maanden doen, significant gelukkiger worden.

Walvishaai, Great Barrier Reef

HELP MET EEN GOEDE DAAD

Je hoeft geen grote dingen te doen om de wereld te veranderen. Je kunt in het klein ook iets bijdragen aan een betere wereld. Neem mezelf als voorbeeld: ik liet altijd het bad vollopen zonder erbij na te denken. Dat vond ik lekker. Maar dat schijnt dus voor het milieu hartstikke slecht te zijn. Dus nu laat ik nog steeds iedere dag mijn bad vollopen, maar dan wel via mijn waterbesparende douchekop. Het duurt iets langer, maar je doet wat je kan ;-)

Fiets de Alpe d'HuZes, schep soep bij het Leger des Heils, doe vrijwilligerswerk, verras een vriend of vriendin, trakteer eens op ijs, koop eens bloemen, schrijf een kaartje en geef de zegeltjes bij de supermarkt aan iemand anders. Help vrienden verhuizen of kook eens voor ze. Koop kinderpostzegels. Kies eens biologisch. Neem zonnepanelen. Je kunt zoveel simpele dingen doen om mensen blij te maken. En de effecten zijn zo leuk! Een compliment geven is gratis!

Overigens hoef je jezelf ook weer niet te 'verplichten' om elke dag iets goeds te doen. Want dan wordt het 'moeten' en gaat het je tegenstaan. Je geluk wordt alleen maar positief beïnvloed als je intrinsiek gemotiveerd bent.

De volgende keer dat je bij de coffeecorner staat, koop dan eens een koffie voor degene achter je in de rij in plaats van alleen een dubbele latte macchiato voor jezelf. Natuurlijk zul je zelf genieten van je latte macchiato, maar dat gevoel ebt snel weg. Maar als je een kop koffie weggeeft, zullen mensen verbaasd zijn en je hebt meteen een praatje. Dat is echt veel leuker dan een beetje eenzaam foto's maken van het hartje op je cappuccino en een beetje liegen op Instagram.

Denk nog even aan Carlos, die verpleger die zelfs met een hand op een schouder wat kon bijdragen. En bedenk dat jij ook zo'n verschil kan maken. Dat kan jij.

Sterker nog: zonder dat je het wist, heb je – door dit boekje te kopen – al 1,50 euro aan KWF Kankerbestrijding gedoneerd!

DOL, DWAAS EN VERSTANDIG

Emeritus hoogleraar 'sociale condities voor menselijk geluk' Ruut Veenhoven zei me ooit: 'Hoe dichter het beestje bij zichzelf blijft, hoe gelukkiger het is.' Dan zul je dus eerst moeten weten wie je bent.

WIE BEN IK?

Mij valt het op dat er vier verschillende soorten mensen zijn:

1. Mensen die iets slechts doen en zich daar heerlijk bij voelen.
2. Mensen die iets slechts doen en zich daar schuldig over voelen.
3. Mensen die iets goeds doen, terwijl hun gevoel het slechte wilde.
4. Mensen die alleen maar het goede denken en het goede doen.

Met andere woorden:

1. Sommige mensen eten een taartje met dik slagroom en genieten daar intens van.
2. Anderen eten een taartje, maar voelen zich er schuldig om.
3. Sommigen eten geen taartje, maar vinden zelf dat ze te streng zijn voor zichzelf.
4. Sommigen voelen niet eens de behoefte aan een taartje en blijven er netjes van af.

Hoezo andere woorden?
Mijn publiek snapt dit wel!

Aan die laatste categorie heb ik een hekel! De jaloersmakende perfecte mannen en vrouwen die niet eens behoefte hebben aan slechte dingen. Die altijd van onbesproken gedrag zijn, een elektrische auto rijden, nooit te laat komen, nooit een zebrapad oversteken bij een rood voetgangerslicht, altijd fris uit hun bed springen om met de hond te gaan wandelen en bij de koffie vragen: 'Heb je ook decafé?' Bah! Aan één Arie Boomsma heb ik wel genoeg!

Ik ben verre van perfect. Ik rijd vaak te hard, ik heb veel nachten doorgebracht met verschillende vrouwen, alcohol is voor mij geen onbekende en op festivals zijn er ook weleens drugs voorbijgekomen. Toch is mijns inziens schuldgevoel zinloos. Ik heb dan ook van niet één ervaring spijt. Alles wat ik ooit deed, droeg bij aan wie ik nu ben. Ik heb (volgens de indeling hierboven) veel slechts gedaan en me daar heerlijk bij gevoeld. Ik wil daarbij ook opmerken dat zogenoemde 'slechte' dingen pas slecht zijn als je er anderen mee schaadt.

In elke nieuwe situatie kun je weer anders reageren. Soms heb ik behoefte aan 'het goede doen' en soms is de verleiding te groot en gaat er binnen tien minuten een zak chips doorheen. Dat verschilt per situatie. De ene keer volg je je hart, de andere keer je hoofd. Soms zijn die in balans, soms niet.

In alle gevallen zou ik willen zeggen: 'Omarm jezelf!' Als je iets slechts doet, voel je dan niet schuldig, maar geniet ervan (zolang je niemand anders schaadt, natuurlijk). En als je iets goeds doet, en je wil dat ook, wees daar dan blij om...

Ik kwam er overigens achter dat Aristoteles deze indeling van vier categorieën ook ooit heeft bedacht. Ach, *great minds think alike* ;-)

DE DWAAS
DOET IN HET
ECHTE LEVEN,
WAAR DE
BRAVE MAN
VAN DROOMT.

LEVE DE DWAAS!

Graag voeg ik nog een nieuwe dimensie toe aan Aristoteles. Want natuurlijk is het supertof als je intrinsiek automatisch altijd het goede wil doen en dat ook doet. Maar ik zie dat persoonlijk niet als hoogste doel. Ik vind dat gezapig en saai. Met plezier breek ik hier dan ook een lans voor de Dwaas! Leve de Dwaas! Ga eens plotseling zingen in een vol winkelcentrum, haal eens onverwacht een nacht door als je met je vrienden bent, drink eens te veel, breek eens een hart, verpest eens een examen, mis eens een trein.

Als alles gaat zoals gepland, dan sukkel je in slaap. Het onverwachte (negatief of positief) zorgt ervoor dat je een verhaal hebt om je te herinneren. Weet je nog die vakantie dat je mooi weer had en het hotel aan alle verwachtingen voldeed? Nee joh, want dat is geen spannend verhaal. Grote kans dat je je nog wel die kakkerlakken herinnert in die douche in Spanje. Of die stortbui op de boulevard. Sterker nog, als je het moment van die stortbui hebt gebruikt om in de stromende regen te gaan dansen, staat dat moment nu zeker in je geheugen gegrift. Leven is herinneringen maken.

THE VIRTUOUS MAN CONTENTS HIMSELF WITH DREAMING THAT WHICH THE WICKED MAN DOES IN ACTUAL LIFE. (SIGMUND FREUD)

Omarm de gekte, de chaos, de verleiding en het onverwachte. Het levert herinneringen en verhalen op!

LIFE IS SHORT, BREAK THE RULES, FORGIVE QUICKLY, KISS SLOWLY, LOVE TRULY, LAUGH UNCONTROLLABLY, AND NEVER REGRET ANYTHING THAT MADE YOU SMILE. TWENTY YEARS FROM NOW, YOU WILL BE MORE DISAPPOINTED BY THE THINGS YOU DIDN'T DO THAN BY THE ONES YOU DID. SO THROW OFF THE BOWLINES. SAIL AWAY FROM THE SAFE HARBOR. CATCH THE TRADE WINDS IN YOUR SAILS. EXPLORE. DREAM. DISCOVER.
(MARK TWAIN)

En zo is het maar net ;-)

GA JE DE REST
VAN JE LEVEN
DINGEN DOEN
DIE JE
VERSTANDIG LIJKEN,
OF DINGEN DOEN
DIE JE
LEUK VINDT?

TOT SLOT

Natuurlijk zijn er nog honderden andere zaken die bijdragen aan meer geluk. Helaas kan ik ze niet allemaal behandelen. Hoewel, theoretisch zou ik dat kunnen doen. Maar het is een boekje om je blij te maken, niet om je te vermoeien met taaie kost. Dus wil ik het graag wat eenvoudig houden. Niet omdat ik denk dat mijn lezers allemaal eenvoudige mensen zijn, maar de deadline staat voor de deur en stress is ongezond. Dus het is wel best zo. Ik hoop vooral dat het lezen van dit boekje een beetje heeft bijgedragen aan je geluksgevoel en dat je vol goede moed wat lichter in het leven staat.

En welke tegenslag er ook is, er is in het leven – ondanks alle twijfel en roerige tijden – nog genoeg om te omarmen, om lief te hebben of om te bewonderen. Geniet daarvan, met volle teugen. Veel succes ermee en vooral veel geluk!

Hier nog een tekening die te maken heeft met het slot!